Sueña que tienes alas

Héctor *Apio* Quijano

Sueña que tienes alas

Interpretación de señales y sueños, meditaciones,
ángeles y rituales de protección

Diseño de portada: Roy Arceo
Imagen de portada: Shutterstock

© 2014, Héctor Quijano

Derechos reservados

© 2014, Editorial Planeta Mexicana, S.A. de C.V.
Bajo el sello editorial DIANA M.R.
Avenida Presidente Masarik núm. 111, 2o. piso
Colonia Chapultepec Morales
C.P. 11570, México, D.F.
www.editorialplaneta.com.mx

Primera edición: marzo de 2014
ISBN: 978-607-07-2074-1

Impreso en los talleres de Litográfica Ingramex, S.A. de C.V.
Centeno núm. 162-1, colonia Granjas Esmeralda, México, D.F.
Impreso y hecho en México – *Printed and made in Mexico*

AGRADECIMIENTOS

Esta vez quisiera agradecer a todos aquellos que han sido parte de mi vida, que me han regalado momentos importantes y me han hecho aprender cosas de mí y de la vida misma.

No quise nombrar con detalle ni expresar a todos y cada uno lo que siento porque, gracias a Dios, las personas que tengo cerca han incrementado en número y jamás terminaría.

Sin embargo, sí quiero agradecer a editorial Planeta por seguir creyendo en mí y en mis ideas nuevas.

Gracias a mi familia por siempre estar y por crear un vínculo tan fuerte como el que tenemos. Lucca y Lorenzo, bienvenidos a esta familia de locos, creo que se van a divertir.

Gracias a Roska por enseñarme lo que verdaderamente es importante y que el amor rebasa cualquier obstáculo.

Gracias a Ale y Jessa por su eterna hermandad y por darme paz en cualquier momento.

A mis amigos, por divertirnos como sabemos hacerlo.

A *apioteam*, en especial a Irma e Itzel, por ayudarme tanto, sin ustedes no sabría qué hacer.

A TV mexiquense, a *De buenas* y en especial a Tan, Li, Mon y Dali por hacer un equipo tan hermoso que nunca me imaginé tener, las quiero muchísimo.

A mis alumnos, pacientes, seguidores y lectores. Espero que les haya podido traer un rayito de luz a su vida o, por lo menos, una sonrisa, haciéndoles saber que la vida no es tan agresiva como siempre la pintan.

Gracias a Dios y a mis ángeles por enseñarme el camino y por hacerme muy feliz regalándome una vida tan maravillosa que, cuando nos encontremos en el cielo, voy a terminar debiéndoles, ji, ji.

Me parece emocionante pensar que este es mi cuarto libro y todo gracias a que mis palabras han sido escuchadas por ustedes.

Espero que les guste *Sueña que tienes alas* porque está hecho con toda mi dedicación y cuidado; cada palabra está escrita por mí y cada capítulo trabajado a partir de mi experiencia.

Con todo mi amor
Apio.

CONTENIDO

Introducción

Tengo que confesarles la emoción que me produce presentar mi cuarto libro, en especial porque contiene algunas de las razones de mi transformación en la persona espiritual que soy ahora, y así comparto con ustedes el momento en que descubrí que no estaba solo en el mundo. Claro, sé que tengo una familia y amigos, pero nunca imaginé que el mundo me sorprendería con la presencia de seres de luz, con mensajes en el aire, o al experimentar sueños reveladores desde un cuerpo etérico que todo lo recibe, ya sea física, emocional, espiritual o mentalmente.

En ese momento supe que estábamos hechos de una energía especial y que nuestro cuerpo físico es solo el resultado de esta energía.

Recuerdo cuando veía la vida distinta, sin el color y el amor que se merece; cuando todos los muebles, las cosas, los árboles, los lugares y las experiencias existían porque sí y sin ningún sentido.

Mucho tiempo me enfoqué en lo que no tenía: el viaje deseado, la súper pareja, mucho dinero o un gran trabajo, pero sobre todo esperaba ese macro acontecimiento que cambiaría mi vida para bien. Tenía mi agenda llena de cosas, no quería un momento solitario; todo lo llenaba con eventos, a veces inútiles, para no toparme conmigo mismo.

Fui diagnosticado como obsesivo-compulsivo, pues si tenía que hacer algo, lo debía llevar a cabo a la perfección y sin equivocación alguna; solo así encontraba mi libertad y era frustrante porque cada vez me exigía más y más, tratando de ser mejor y nunca fracasar: no me daba cuenta de que mi mayor fracaso era el que estaba viviendo al pretender ser el mejor hacia afuera sin aceptarme a mí mismo.

Entre otras cosas, llevaba un inventario de mi ropa, de mis medicinas y de mi vida; no podía dormir si no era con tapones en los oídos, antifaz, aromaterapia y musicoterapia. Al acostarme no me permitía zafar las sábanas, ya que tenían que seguir tendidas de manera perfecta.

Mi gente no podía equivocarse, yo les tenía establecido un margen de error muy limitado: no se les podía caer algo, no podían decir algo indebido, no podían hablar de sexo y mucho menos decir groserías, porque me resultaba incómodo.

Pronto me fui dando cuenta de que esto me consumía tanto que no me dejaba vivir, me encerraba más en un mundo inexistente, frío y sin razón alguna. Y fue así que después de tanta frustración desperté.

Lo primero que me ayudó fue estar pendiente y muy atento a todo lo que ocurría mientras mi día avanzaba: por ejemplo, cómo se sentía el calor del sol en mi cuerpo y lo que esto me producía; si comía algo, me aseguraba de que fuera algo que realmente me hiciera valorarlo y no cualquier alimento que solo llenara mi estómago.

Escuchaba los coches, los pájaros, una puerta al cerrarse; música de todo tipo, para tener distintas sensaciones en mi cuerpo y así vivir múltiples experiencias.

Mi mundo cambió y yo con él; las señales despertaron, con mensajes sobre cómo me encontraba o al hacer evidente la evasión de cosas que no quería ver. Mis sueños eran realmente reveladores y mi sensibilidad o mi sexto sentido se desarrollaban con fuerza.

Descubrí un universo mucho más vivo de como yo lo conocía.

Les confieso que en un principio tenía miedo; me preguntaba cómo un ritual podía afectar tanto, de una forma positiva o negativa en mi vida, y cómo es que sentía el estado emocional de otras personas; me fui encontrando con ángeles y fantasmas y descubrí que el mundo vive en un perfecto equilibrio.

Por medio de este libro, Dios me da la oportunidad de compartirles mis experiencias, mis sueños, y sobre todo, el hermoso aprendizaje que he recolectado por quince años.

No te digo más, para que descubras con tus propios ojos el mundo despierto para ti.

Abre los ojos, relájate, busca un lugar cómodo y lee esta obra, ya que puede ser el cambio que tanto has buscado en tu vida.

Yo te acompañaré en todo el trayecto de tu lectura.

¡Que comience la función!

Es una señal

Es fundamental e importante advertir que todo el tiempo estamos recibiendo mensajes del universo, pero no sabemos escucharlos.

Si queremos contactar a los seres de luz, es importante atender a lo que constantemente nos quieren decir; para ello no se necesita pararse de cabeza ni pagar miles de pesos o sacrificar una parte de tu cuerpo, solo se necesitan tu silencio y tu atención.

¿Cuándo te has permitido guardar silencio por una hora, o tan solo percibir los sonidos, observar tu entorno, sentir el aire y el movimiento? Porque es cierto que llegamos a estar solos, pero nos encontramos leyendo, escribiendo, escuchando música o hablando con un amigo, o de plano dormidos.

Todos tenemos el potencial para recibir información de nuestro entorno, desde predecir cuándo va a llover, hasta recibir mensajes de ángeles o maestros espirituales; solo se requiere escuchar, sentir, vibrar, y al hacerlo te sorprenderás de saber que todo el tiempo hay mensajes para ti: en ese momento habrás despertado.

Para comenzar te guiaré en una relajación para entrar en el canal mensajero, ¿de acuerdo?

Te recomiendo que primero grabes la relajación con tu voz y después la escuches al hacer el ejercicio.

Busca un lugar cómodo; por ser silenciosos y tranquilos, muchas veces el clóset o un baño resultan lugares pacíficos y favorables para relajarse, cualquiera de ellos puede ser una buena opción.

Ya que hayas encontrado un sitio ideal, colócate en una posición cómoda y relajada, de preferencia sentado para que no te duermas.

Cierra los ojos e inhala profundamente, exhala soltando todo el oxígeno de tu cuerpo, y mientras lo liberas siente cómo todo tu cuerpo se relaja desde los pies a tus piernas, cadera, estómago, pecho, hombros, brazos, manos, cuello y cabeza. Mientras más centres tu atención en cada parte del cuerpo, te relajarás mucho más.

Ahora centra tu atención en tus cinco sentidos.

Percibe la temperatura de tu cuerpo.

Prueba tu saliva.

Huele a tu alrededor.

Observa, con los ojos cerrados, esa negra oscuridad de tus párpados.

Escucha muy detalladamente cada sonido que se presente.

Cuando lo hayas hecho, visualiza cómo cada sentido se va cerrando o bloqueando completamente, excepto el oído.

Inhala, exhala y bloquea tu sentido del tacto, para que así tu mente no centre su atención en las sensaciones físicas. Se ha callado completamente.

Cuando lo hayas hecho nos dirigimos al gusto, puedes percibir cómo tu paladar se cierra completamente y ya no logras percibir lo ácido, tampoco lo dulce ni lo salado, habrás perdido el sabor.

A continuación, en tu siguiente exhalación cierra completamente el sentido del olfato, como si se hubiera bloqueado completamente y no tuvieras capacidad de oler.

Luego puedes contemplar cómo desde tu perspectiva la oscuridad empieza a desaparecer porque no ves ni siquiera el negro, simplemente tu cerebro lo percibe como algo que no existe.

Al terminar este ejercicio solo nos queda el sentido del oído de forma activa, y a este lo vamos a despertar aún más, vamos a tratar de escuchar hasta el tronido de la madera, incluso si hay algún bicho cercano, o simplemente oír el aire.

Trata de estar así cinco minutos, con un oído muy agudo, donde los grandes ruidos se vuelvan molestos y los pequeños se escuchen normales: cuando hayas percibido alguno de es-

tos últimos, intenta llegar al final de él, buscando oír más y más fuertes los pequeños sonidos. Cuando lo hayas hecho, ya podremos despertar nuestro sentido del tacto y las sensaciones; actívalo con una exhalación y continúa con el ejercicio.

Ahora, con este nuevo sentido activado, trata de percibir lo que tu cuerpo escucha y siente, ¿te percibes tranquilo, inseguro? ¿Tienes miedo, sientes felicidad? ¿Cuál es tu sentir?

Para estos momentos, si has realizado toda la relajación, tendrás varias sensaciones en el cuerpo, con emociones de por medio. Aunque no lo creas, así despertará tu sensibilidad al entorno, y cuando los seres de luz vean que te estás convirtiendo en una persona receptiva, empezarán a llegar miles de experiencias inexplicables.

Pero la relajación no acaba aquí, ahora vamos a activar el olfato. ¿Qué siente tu cuerpo y cómo son tus emociones al percibir un aroma? Puede oler a comida, a madera, a viejo, a nuevo, a bosque, a tu casa.

Recuerda dar cinco minutos a cada uno de tus sentidos.

Después vas a acallar el olfato y a despertar el gusto, sintiendo la saliva en cada parte de tu lengua, percibiendo lo amargo, dulce, salado, ácido o agrio.

Por último, respira tres veces; al momento de exhalar por tercera vez, abre los ojos. Sal entonces a un lugar abierto, fuera de casa, puede ser el parque o donde haya árboles, y si no es posible, será suficiente mirar al cielo, despertando tu vista y percibiendo solo con ese sentido el mundo exterior.

En este momento te preguntarás: «¿Y para qué me sirve todo este ejercicio si solo quiero saber qué significa cuando un gato cruza frente a mí?».

A pesar de que este libro te dará esas respuestas, la idea de esta relajación es que la vida no tiene que poner ante ti un gato diez veces para que lo veas, sino que lo puedas apreciar desde su primera aparición.

Esta es una forma sencilla de observar no solo algunas señales, sino todas las que se presenten. Si decides prestar más *atención a todo lo que te rodea, entenderás que para nada estás solo, todo el tiempo están viendo por ti.*

Después de haber entendido que para comprender las señales primero debemos *verlas,* y que la mejor manera de lograrlo es por medio del silencio, aunque no hagas los ejercicios todos los días, con solo guardar silencio te será fácil percibirlas.

Lo que sigue será entender que no existe un solo tipo de señales, sino varios: animales, ángeles, maestros espirituales, elementos, escritos, objetos y probablemente bastantes más, estos son apenas algunos con los que yo he trabajado. Muchas de estas señales se consideran supersticiones, por cuestiones vivenciales creo que varias son reales y aunque otras no hayan tenido gran relevancia, aun así te las presento para que las conozcas.

Dicho esto, podemos comenzar. Para su comprensión estas señales se encuentran separadas por grupos: objetos, lunas, animales y elementos naturales.

Empecemos.

• Objetos •

• A •

Aguja. Cuando encuentras una, es indicación de que hay algo que no está siendo cómodo y deseas alejarlo de ti, pero como no lo haces consciente, no lo liberas. De hecho, un curioso ritual prescribe que si pones una aguja debajo del asiento de una persona que no te cae bien, se marchará sin dar razón alguna (ojo, no la tienes que pinchar, solo coloca la aguja acostada debajo de su asiento y listo).

Ajo. La utilidad del ajo es limpiar los órganos de infecciones al igual que de energías negativas en lo espiritual, ya que posee una intensa energía química, además de un fuerte olor; por ello, si te encuentras uno, llévalo contigo por una semana para que limpie la energía de tu entorno.

Anillo. Cuando encontramos un anillo, la principal señal que se nos presenta es el compromiso; se trata de comprometerte con respecto a algo que tienes en mente, para aterrizarlo y concretarlo. También habla de tu corazón, ¿cómo se encuentra hoy en tu vida? ¿Cómo te sientes emocionalmente en cuanto a tu pareja?

• B •

Botella. Sé que si al toparte con una botella tirada en el piso, la rompes —a pesar de que personalmente no he tenido algún tipo de reacción por patear o romper alguna en una celebración—, liberas la energía atorada en tu vida, y que si la pateas sin romperla, te queda más tiempo para seguir resolviendo una situación de la que aún no sales.

• C •

Cebolla. Las capas de la cebolla representan las capas del ego. Cada una es señal de que hay algo que no te permite despertar espiritualmente; por ello, si ves una cebolla y sientes que existe un mensaje para ti, es importante pensar en tu autoestima, ya que se puede encontrar afectada por fantasmas personales que te persiguen diciendo que aún no estás a la altura de tus retos.

Clavo. El clavo es una especia que en la magia se aplica para despejar las malas energías, su aroma es tan penetrante que puede alejar espíritus y seres con energías espesas; por ello es bueno poner uno en las puertas de las recámaras, para que cuando duermas ningún ser invada tu espacio y así llegue el buen sueño.

Cuadrado. El cuadrado es una figura geométrica en la que los lados son iguales y perfectos; todos aquellos que la prefieren es porque viven estructurados y con muchos límites, además de que utilizan más la razón y el pensamiento, por ello este tipo de señal indica que es tiempo de buscar un círculo, una figura sentimental que nos ponga en contacto con nuestras emociones.

• D •

Dados. Los dados se consideran un amuleto de buena fortuna y por lo mismo existen personas que siempre llevan los suyos, para tomar la mejor decisión cuando no saben qué rumbo seguir. Se tira un dado y si sale:

1: La primera opción que llegó a tu mente es la acertada.
2: La segunda opción es la acertada.

3: La tercera opción es la acertada, o si no hay tercera, ninguna de las dos es buena idea, por lo tanto hay que buscar una nueva elección.

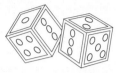

4: Lo que dice tu mente es lo acertado.

5: Lo que te dice el corazón es lo acertado.

6: Vuelve a tirar el dado.

Así que es una forma de vivir al azar, mas yo no soy de ese camino. Pero a quien se le dificulte tomar decisiones, esto le puede ser de utilidad.

· E ·

Escalera. Para empezar, cruzar debajo de una escalera originalmente era considerado de mala suerte porque se crea un trino o triángulo entre la escalera, la pared y el piso, y esto abre dimensiones que podrían perjudicar al ser humano; en lo personal no creo tanto en esto y he cruzado muchas veces debajo de una sin que nada me pase, cuando mucho me llena de inseguridad pensar que una persona pueda encontrarse en ella y me caiga encima, ¡y eso sí que sería mala suerte! Por otro lado, una escalera representa ascender a un nuevo lugar, es alcanzar lo que aún no se puede lograr; por lo tanto, encontrar una escalera en nuestro camino nos hace reconocer que hay algo que tememos no se concrete pero existe la posibilidad de conseguirlo, solo falta creer más en nosotros mismos y en el universo.

Escoba. La escoba barre todo a su paso, no importa si es bueno o malo; al encontrar una siempre se recomienda barrer con ella, ya que si se te presenta es porque algo que se está interponiendo en tu camino. Puedes ver cómo funciona una escoba un día que tengas invitados en tu casa y quieras que se vayan:

simplemente colócala atrás de la puerta de entrada y se irán más rápido de lo que crees.

Espejos. Se cree que en los espejos se encuentra el reflejo de nuestra alma y cuando rompemos uno se tendrán siete años de mala suerte; para mí esto tiene algo de cierto y algo de mentira. Un espejo efectivamente refleja nuestro ser, y cuando nos encontramos frente a uno en un lugar oscuro, nos puede transportar a otros sitios que no son de esta dimensión: en esta circunstancia podría dolernos la cabeza o bajar nuestra vibración energética, causándonos incertidumbre, ansiedad y, sobre todo, sentirnos acompañados y no de la mejor forma. Ahora, si se rompe un espejo cerca de donde estás, especialmente si es un momento importante, significa que parte de tu alma se está resquebrajando con la decisión que tomaste y debes pensar por segunda vez si lo que vives o lo que dices es seguro, porque probablemente no sea la mejor decisión; no son siete años de mala suerte, pero sí puede ser que esa decisión te lleve por un camino de espinas. Ahora, el reflejo es el reflejo, y lo podemos ver en cristales, piedras, plásticos y metales, de preferencia procura no ver ninguno de estos en la oscuridad.

• F •

Fruta. Siembra semillas de frutos, la naturaleza en agradecimiento te dará buenas recompensas siempre. Solo espéralas y te darás cuenta de lo que te digo.

• H •

Hueso. Representa lo irremediable, nos indica que ya no podrás hacer nada respecto de alguna situación más que fluir y observar lo que viene.

Huevos. Los huevos refieren al nacimiento de algo; si se retiran de su función creadora se enfrían, pero quedan a la espera de regenerarse. ¿Qué significa esto? Que cuando se realiza una «limpia» frotando el cuerpo con uno, se activa ese crecimiento con la energía de lo que ha sido frotado; por eso salen cosas tan extrañas cuando se rompen al final, porque le dan nacimiento a tu dolor, enfermedad, brujería y demás; cuando te «limpian», esto desaparece de ti liberándote de todo mal. Yo no soy muy afín a este elemento, pero sé lo importante que puede llegar a ser.

Humo. El camino por donde andas es bueno, sin embargo tendrás complicaciones y algunas riñas en el tiempo cercano al día en que viste el humo.

• L •

Listón. Cuando se ata un listón energéticamente, representamos la espera de algo mágico, bueno o positivo en tu vida; por ello los regalos se envuelven con listones y moños, porque son tu deseo de algo bueno a quien haces el obsequio. También son una forma de atar protecciones a tu cuerpo, como poner un listón rojo en la foto de alguien para protegerlo de todo daño.

• M •

Madera. La madera, en especial los troncos, es sinónimo de magia y protección, por ello se transforma en las varas de poder utilizadas en los rituales de varias creencias; las propiedades de la varita dependen del árbol del que ha sido forjada, ya que existe un vínculo directo con las fuerzas de la naturaleza y lo que los árboles nos brindan, como cobijo y leña.

Mancha. Las manchas, en especial de sangre, son mensajes sobre la salud: existe algo que físicamente te molesta pero no le has puesto la atención necesaria. Te recomiendo que visites a tu médico de confianza.

Moneda. Pareciera que la moneda es para el que la halla, pero más bien es para regalarla y así será recíproca la suerte; cada vez que encuentres una, dásela a la persona más cercana y tendrás dinero multiplicado. «Dinero encontrado y entregado, dinero multiplicado.»

Muñecos y marionetas. O tú controlas a alguien o ese alguien te está controlando a ti; también es tiempo de trabajar en equipo y ordenar tus ideas.

• P •

Paraguas. Una de sus connotaciones tiene que ver con el sexo y el órgano masculino, pero posee muchos significados: por ejemplo, si se pone en la mesa del comedor, siempre traerá discusiones entre la familia. La antigua creencia de que abrir uno dentro de la casa es de mala suerte puede deberse a que fabricarlos es complicado por el mecanismo del resorte y al abrir alguno hay posibilidades de que alguien se lastime, lo que ocasiona accidentes y situaciones complicadas. Para mí el paraguas representa un lugar de protección: si te encuentras uno, el augurio indica que probablemente lo que viene no es lo más óptimo, por lo que se recomienda estar en casa mientras pasa la tormenta o el problema.

Pelo. Encontrar pelo nos ata o nos libera, ya que tiene miles de células energéticas y significa que algún mal augurio se ha ido, también te darás cuenta de que había mala vibra a tu alrededor.

Puente. Cruzar un puente simboliza dejar atrás alguna dependencia o algo importante, como tu familia, tu ex pareja, etcétera, y mirar hacia adelante, ya que vendrá lo inesperado; por ello, cuando cruces alguno, cierra los ojos y mentaliza aquello que ya no quieres llevar hacia el otro lado, de esta manera realizarás un ritual súper bonito.

· S ·

Sal. Por su pureza, la sal aleja la mala suerte y la mala energía. Posee una fuerza muy clara, por eso se utiliza para limpiar espacios con solo rociarla, ayuda en las «limpias» de personas o para protegerlas. Existe un ritual de Año Nuevo para que las personas reunidas en la cena no sufran de maldades durante el nuevo ciclo, solo se pone un platito de sal de grano en la mesa.

Sombrero. Simboliza los malos pensamientos, sobre todo si se coloca sobre la cama; avisa de *pintadas de cuerno*, infidelidades y demás. Yo apoyo la noción en que simboliza el mundo de las ideas. Encontrar un sombrero te habla de visualizar proyectos y evitar la desidia para llevarlos a cabo.

· T ·

Tijera. Cuando te cortas con las tijeras hay un mensaje sobre dejar lo viejo para abrir paso a lo nuevo. También nos habla de tomar decisiones y ser tajante con ellas; por otro lado, si nos encontramos unas tijeras tiradas, es importante meditar sobre la energía negativa o personas cargadas de ella, con quienes debes cortar de tajo.

· V ·

Vela. Simboliza el cuarto elemento, el fuego, y representa la energía para lograr tus objetivos, también quiere decir que necesitas de alguien más para lograrlos aunque la ayuda sea momentánea.

Ventana. Ver una ventana abierta es símbolo de la apertura hacia un nuevo camino. No pierdas el tiempo esperando que se resuelva lo que no fue posible, acepta el cambio sobre todo con respecto a una pareja o un trabajo. Si la ventana se azota, debes poner atención porque te encuentras en un estado de sueño y la vida te está despertando. Es necesario salir de un mundo perdido que te distrae.

Vías del tren. Las vías del tren siempre te llevarán a una nueva relación, puede ser amistosa o sentimental; por otro lado se dice que debemos evitar tocarlas, ya que la carga que adquieren al pasar los trenes puede afectar tus campos energéticos debilitándote, por ello siempre sáltalas.

· Z ·

Zapato. Los zapatos son el placer puro, principalmente porque están relacionados con la sexualidad. Muchas mujeres compran zapatos para liberar su energía sexual, ya sea porque está reprimida o simplemente porque la viven intensamente.

• La luna •

Cuando meditamos sobre el hecho de que tres cuartas partes del líquido en nuestro cuerpo es agua, entendemos por qué la luna influye sobre nosotros como lo hace con la marea de los océanos. Influye con intensidad, nos puede hacer errantes, veraces en nuestras palabras o desarraigados, por ello es importante prestar atención a sus diferentes fases y todo lo que quieren decirnos.

Luna llena. La energía es sumamente fuerte y nuestro estado emocional se modifica, por lo tanto cuando veamos la luna llena es recomendable no enojarse ni hacer cosas que no acostumbramos, de hecho es mejor permanecer en casa. Como beneficios, nos otorga generar y regenerar energía en nuestro hogar, para lo cual existen muchos rituales, entre ellos el siguiente:

Durante la luna menguante coloca un cuarzo en cada esquina de tu casa; al llegar la luna nueva sumérgelos en un tazón con agua y sal, y déjalos ahí hasta que la luna se llene. Cuando llegue la luna llena, enjuágalos y repártelos de nuevo en las esquinas de tu casa, ¡y listo!

Luna de sangre. Se reconoce cuando la luna lleva un anillo rojo en su contorno. Es la luna roja y es considerada un tanto peligrosa porque anuncia inseguridad en las calles, violencia energética, o porque se abre un campo dimensional negativo y puede haber energía similar en el aire. Por ello, si vas a salir cuando esta luna esté en el cielo, ponte un listón rojo en la muñeca izquierda y estarás protegido.

Luna azul. Es cuando hay dos lunas llenas en un mismo mes. Esto trae influencias energéticas extremas, y de tu estado de ánimo dependerá la potencia de tu noche. Cuando suceda este fenómeno no olvides pensar positivamente y aprovechar la energía para lograr tus proyectos a futuro.

Luna amarilla o naranja. Nos avisa de un acontecimiento sorpresivo próximo a suceder; es bueno ver las noticias los siguientes tres días para enterarte de lo que pasa, también nos puede ocurrir que alguien del pasado o alguien nuevo llegue a nuestra vida.

Luna negra o luna de Lilith. Es cuando no hay luna en el cielo, se encuentra completamente oculta. Revela los deseos más escondidos o reprimidos de la personalidad, por lo que nuestra mente puede estar teniendo pensamientos eróticos o violentos, felices o inseguros.

Luna cubierta. Es cuando la luna está completamente tapada por las nubes; aquí nuestro ser puede tener una doble personalidad y mostrarse algo incoherente en sus acciones, primero quieres una cosa y luego otra... Tranquilo, es algo natural en todos.

Luna iluminada. Es aquella que brilla en el centro del cielo sin que ninguna nube la cubra, recuerda que debe ser luna llena. Si la ves por cinco minutos, después cierras los ojos por otros cinco y luego repites todo el proceso, la glándula pineal, encargada de nuestro tercer ojo, promoverá el desarrollo y la habilidad física.

Luna con nubes aborregadas. Esta luna nos habla de actividad sísmica, movimientos telúricos como sacudidas que requiere la Tierra para liberar energía, por lo tanto es muy probable que tiemble o que se muevan las cosas.

Luna opaca. Es aquella que, a pesar de no tener nubes que la cubran, no brilla. Este es un momento perfecto para meditar y ver nuestras otras vidas o mundos distintos.

Luna con cuernos para arriba. Cuando la luna se encuentra de esta forma se dice que va a llover, sinceramente es un proceso lunar del que yo no me fiaría tanto, pero igual puede ser una señal.

• Animales •

Explicar las señales que nos brindan los animales es hablar, como dirían los chamanes, de los aliados de poder, de espíritus protectores que nos guardan de males y peligros. Los aliados de poder son aquellos animales que nos protegen de manera más cercana que todos los maestros, porque se encuentran en una dimensión más próxima a la nuestra. Uno nos cuida el frente, otro nos cuida la espalda, otro nos cuida desde el cielo y otro lo llevamos en nuestros pies; uno más nos acompaña por la derecha y el último por la izquierda.

Tenemos la oportunidad de conocerlos cuando experimentamos su poder, y este es la personalidad que los caracteriza, por ello hay veces en que somos más amigueros o ermitaños, nos sentimos traicionados o confundidos, o enamorados y hermosos. Los aliados de poder influyen en nuestros estados.

¿Cómo saber cuáles son los tuyos? Muy sencillo: se aparecen constantemente en tus sueños, o se te presentan en revistas, anuncios, en la calle o como figuras de papel, metal, peluche o de plano los encuentras en tu casa.

Aunque no todos aparenten una personalidad positiva, siempre están aquí para cuidarnos e informarnos de qué estamos haciendo en nuestro beneficio o perjuicio. Otra forma de identificarlos es observar su personalidad y comprender en qué te pareces a ellos.

A continuación te presentaré datos valiosos sobre algunos de estos aliados para que los conozcas y así ellos se manifiesten contigo.

· A ·

Abeja. La abeja siempre te está enseñando que con paciencia se logra cualquier objetivo: trabajando en equipo o como individuo, puedes lograr el éxito. Por lo general se les presenta  a los obsesivo-compulsivos que todo lo quieren hacer ya, y no le dan oportunidad a la vida para que los sorprenda; pretenden dar el siguiente paso sin detenerse, o terminarlo todo de una vez. Paciencia.

Águila / halcón. Son los amos del cielo, se encargan de enseñarnos a abrir las alas y volar sin miedo a la vida. Son grandes observadores de los nuevos acontecimientos, por lo que si algún día te encuentras uno, te hablará de algo nuevo que sucederá próximamente, donde tendrás la oportunidad de abrir tus alas y darte la oportunidad de demostrar quién eres.

Alacrán / escorpión Estos dos seres son protectores y vigilantes, te indican que se puede ser fuerte o vulnerable cuando debemos serlo. Cuando veas un alacrán o escorpión es porque no estás prestando atención a tu persona y estás siendo muy descuidado, o necesitas tener confianza en ti mismo y centrar tus ideas.

Araña. La araña se aburre fácilmente de todo y busca cosas que hacer, pero comúnmente entra en confusión sobre cuál será el siguiente paso, así que cuando te encuentres una, pregúntate en qué parte de tu vida sientes que no están fluyendo las cosas o estás aburrido. Por otro lado, se dice que «La araña por la mañana, mala semana; la araña por el día, mucha alegría», o que matar una araña durante la noche aleja la fortuna, pero eso ya lo considero una superstición.

Ardilla. Ellas siempre van a encontrar el mejor lugar para estar, con los mejores árboles, el mejor alimento y sobre todo la mejor energía. Cuando te topes son una ardilla, te indicará cómo reconocer cuál es tu espacio ideal para descansar, y si ya lo tienes, te dirá algo sobre ti que hace que no te sientas bien y que debe cambiar para vivir al máximo. Ahora, si esta se encuentra en tu casa, te avisa que es un lugar perfecto para habitar, crecer y disfrutar; no te preocupes por las malas vibras, que allí no habrán.

Avispa. La avispa siempre se ha considerado un insecto enojado e inconforme que se queja constantemente de lo que hace. Tal vez seas tú mismo o alguien cercano el que está mandando mala vibra, ya sea con chismes o malos pensamientos; la avispa te avisa que tienes veneno a tu alrededor o en ti mismo, y que debes darle la vuelta a todo eso, tienes que hacer algo positivo como enviar energía luminosa para ti mismo y a tu alrededor, porque no necesitas andar en chismes ni envolverte en energías desagradables.

· B ·

Ballena. Son animales que creen en la libertad de expresión; nos enseñan que la voz tiene mucho poder y así debemos valorarla. Expresa todo lo que sientes y no tengas miedo de ello. Se acercará un evento donde tendrás que decir lo que piensas sin quedarte callado, también nos hablan de la necesidad de escuchar lo que dices, ya que muchas veces tus palabras te han metido el pie: por ejemplo, en vez de «tengo que», podemos decir «yo quiero» o «yo merezco».

Borrego. Los borregos tienen como principal característica la prosperidad, en ellos se encuentra la habilidad para generar fortuna y también son los que saben cuando te sientes mal por hacer algo que no te gustó. Por eso, si te topas con un borrego, observa en tu vida lo que has hecho que consideres malo o que te haga sentir culpa para poder liberarla, porque esto depende de ti aunque no lo parezca. Y desarrolla más tu creatividad, que estás siendo muy mental.

Búho. Es de los aliados más sabios, ellos saben sobre tu pasado, presente y futuro, no puedes esconderles nada porque son los animales de la verdad; solo se presentan a los magos o a los que tendrán la conclusión de algo importante.  Sobre todo te avisan que debes ser verdadero contigo mismo y no esconderte atrás de nada ni de nadie; sé un observador de tus cambios sin que te preocupe cambiar.

Buitre. Estos animales son algunos de los encargados de la muerte; anuncian que algo está por terminar, principalmente con respecto a algo físico o material, por ejemplo un padecimiento o una cosa que ya no funciona, como un coche. Si te lo llegas a encontrar, pregúntate si todos los que quieres están bien de salud, y si no es así, observa a la persona que se encuentra enferma, porque es probable que ya exista un siguiente paso en la enfermedad: o empeora o mejora, pero ya hay movimiento para algún lado. Se recomienda, si no quieres que algo negativo suceda, regalar algo viejo para que así este aliado no se lleve nada tuyo.

Burro. Este animal siempre ha representado el trabajo y el esfuerzo que se debe realizar para lograr lo que se quiere, sin embargo no se ven frutos. Este aliado viene a confesarte que te estás esforzando demasiado para obtener algo, pero existe una fuga energética contigo que no te permite lograrlo. Debes cambiar la jugada para transformar las cosas.

• C •

Caballo. El caballo te habla de una libertad que no has logrado conseguir por represión: no eres completamente libre, y para que puedas ver la luz en tu vida necesitas volar a través de la oscuridad. Recuerda que gracias a los caballos, los seres humanos pudieron moverse a grandes distancias y crear civilizaciones. Por ello, si lo encuentras entiende su mensaje: sé libre y no temas lo que te dirán, un nuevo mundo llegará para ti.

Cabra. A lo largo del tiempo la cabra no ha sido un buen augurio, porque nos habla de las épocas en que las cosas no se mueven o no siguen su ritmo. Debemos esperar hasta que empiece la nueva estación o la siguiente.

Cangrejo. Un cangrejo siempre te conectará con tu madre, te ayuda a estar más cerca de ella o te dice que está contigo; también nos refiere a la fertilidad en la mujer.

Catarina. Existen tantas supersticiones respecto a la catarina, que no terminaríamos; sin embargo, lo relevante es que te brinda energía positiva. Cuando tengas una en tus manos te hará olvidar por unos momentos lo que piensa tu mente y eso es algo súper lindo acerca de ellas.

Cerdo. Los cerdos siempre viven con miedo, como si supieran que nacieron para ser comidos; a pesar de su nobleza no son lo suficientemente fuertes para enfrentar su temor a lo que vendrá y relajarse en la vida. ¿Te suena?

Ciempiés. Cuando te encuentras con un ciempiés el universo te dice que estás creando monstruos donde no los hay, o que algo simple lo vuelves muy complejo. No te preocupes de más y ve las cosas desde una realidad palpable.

Cisne. Cuando sueñes al cisne como aliado de poder o simplemente lo encuentres en todos lados, te hablará de la belleza externa que oscurece la interna, como si te aferraras demasiado a tu aspecto físico —cuánto peso, cómo me veo, necesito esto o aquello— y no a tu ser interno, y lo que te anuncia es que no eres porque te aman sino que te aman por lo que eres.

Cocodrilo. El cocodrilo te habla de integrar a tu vida el todo sin excluir nada: puede ser que la oscuridad de nuestro ser no nos guste, pero es parte de nosotros y no podemos pretender dejar de amarla tal como es. Créeme que cuando lo hagas, tu ser se iluminará.

Colibrí. Además de ser un maestro espiritual en la vida de todos, es un gran mensajero, pero no por ello debemos olvidar que es la más controladora de todas las aves, ya que si no lo hace se muere; por lo tanto, no seas tan controlador y fluye.

Conejo. Date el tiempo necesario para sanar tus heridas y vuelve a salir al mundo cuando te sientas mejor. Muchas veces, cuando acabamos de pasar por algo difícil en nuestras vidas —una enfermedad, perder a alguien o nuestro empleo, etcétera—, tenemos la idea de aguantar y seguir, pero el conejo te dice que primero sanes y luego te muevas. Así llegará un mejor camino.

Coyote. Cuando nos tomamos la existencia muy en serio, el coyote aparece para decirnos que nos riamos y no seamos tan serios con ella; esto también nos habla de la *ley de la vida*, según la cual lo que le hacemos a otro lo recibiremos de igual forma.

Cucaracha. Insecto que por lo general a nadie le gusta. Sin embargo, nos habla de la regeneración, de no darte por vencido con la vida y permitirte salir de la rutina, porque las cucarachas se presentan donde la energía no fluye y siempre es lo mismo. No vivas en la costumbre, vive el cambio.

Cuervo. El cuervo es un mensajero del aire, de todo lo que debe concluir y terminar, puede ser la muerte de alguien cercano o el fin de una relación. Cuando te topas con uno de ellos es bueno ver a qué te estás aferrando en tu vida y trabajar el desapego; esta situación puede desaparecer en poco tiempo.

• D •

Delfín. El delfín es amigo del ser humano y nos enseña que a pesar de tratarse de los seres más brillantes de la Tierra, son como niños que se divierten siempre, porque no se toman la vida tan en serio. La vida es más divertida de lo que crees, trata de encontrar momentos luminosos.

• E •

Elefante. El elefante te hará consciente de lo atorado que estás, pero también te dice que tengas paciencia porque pronto saldrás de eso.

Escarabajo. Se decía en Egipto que un escarabajo guarda todos los deseos del ser humano y con paciencia los puede realizar, solo debes acercarlo a tu boca y contarle lo que deseas o, si es de piedra, escribir en una hojita de papel lo que deseas, envolverlo con ella y colocarlo en un lugar cercano.

Estrella de mar. La estrella de mar, aunque no lo creas, es un símbolo súper benéfico. Se dice que si le hablas de tus deseos, ella sabrá escucharlos y si la dejas libre te los cumplirá. En el caso de encontrar una en una imagen, debemos cerrar los ojos para agradecer lo que tenemos y después pedir lo que deseamos.

• F •

Foca. Ellas nos enseñan a divertirnos de manera colectiva. Puede ser que en tu trabajo no te sientas integrado; lo que la foca te pide es sumarte al equipo y que te diviertas haciéndolo.

• G •

Gallina. La gallina se encuentra en el camino de todos y representa los chismes que puedes generar por tus acciones: estará en ti decidir si sigues el juego de las habladurías, o cortas de tajo con ellas. En conclusión, existen muchas cosas que no se dicen de ti y otras que se seguirán diciendo, pero recuerda que si no las haces parte de tu ser, solo te harán más fuerte, así que venga lo que tenga que venir.

Gato. El gato es uno de los guías más fuertes en la Tierra, y cuando se presenta uno, por lo general es porque tiene información importante que decirte, principalmente que en la semana vas a experimentar algún acontecimiento muy poderoso que hará salir al ser fuerte e independiente que eres; pero para que esto suceda, y aunque no lo creas, debe ser un gato negro. El gato negro debe verte, y cuando esto ocurra sentirás algo extraño e incómodo; no es con cualquier gato, aunque sea negro, será con el que te mire a los ojos y no te quite la vista. Ojo, no son de mala suerte, al contrario, nos preparan para estar fuertes ante un acontecimiento próximo. Por ejemplo, la primera vez que tuve esta experiencia, al día siguiente fui demandado, al final gané porque el problema no tenía nada que ver conmigo, pero así pasó. La segunda vez, al día siguiente de la experiencia me descubrieron una piedra en el riñón, ya sabrán, hospital y toda la cosa; la tercera ocasión, falleció la abuelita de una amiga que estaba conmigo. Entonces, si me preguntas si creo en los mensajes de los gatos, te diré que absolutamente.

Grillo. Ellos nos avisan cuando la intuición está más activa y entonces debes creer en tus percepciones, en lo que te dicta tu instinto natural en cuanto a alguna situación que estés viviendo. También se habla de que si encuentras uno en tu casa o escuchas su canto, es de buena suerte; pero son seres iluminados, por lo que es mejor no matar ninguno porque te traerá mala suerte.

• H •

Hipopótamo. Este es un animal sagrado en Egipto y el segundo mamífero más grande de la Tierra. Simboliza el peso de nuestros problemas emocionales, sin embargo, como es un ser acuático, te ofrece la fuerza del agua para disolverlos a pesar de dificultades en el pasado que te hayan lastimado o afectado tu presente. Tienes la fuerza para disminuirlos.

Hormiga. Las hormigas son otro aspecto que ha tenido mucho poder en mi vida. Son trabajadoras, constantes, perseverantes, y así logran su cometido; sin embargo, cuando se presentan en tu cama, tu bolsa, en entradas de  lugares, etcétera, simbolizan problemas que se interponen en tu camino. Lo importante de esto es cómo los resuelves y sales de ellos, si no, seguirán apareciendo hormigas y con ellas más problemas. Sé más claro y no te enojes.

• I •

Iguana. La iguana representa cosas positivas en tu senda, pero también simboliza preocupaciones por algún tema en particular que no te deja dormir. Probablemente tienes miedo de esa pérdida que tanto te inquieta; suelta las cosas y deja que suceda lo que tenga que suceder, sobre todo si no depende de ti.

• J •

Jirafa. Cuando encuentres a este ser, ya sea en una revista o en algún sueño, etcétera, es tiempo de ver la vida de una manera más realista, aterrizada y a la vez de forma expansiva. ¿Cómo es esto? Al momento de aterrizar en tu realidad, no te limites a creer en lo que puedes lograr, tu perspectiva ante un problema puede ser más amplia. Las jirafas son equilibradas tanto en la proporción de grasa en el cuerpo como en el peso que soportan sus extremidades.

• L •

Lagartija. Es un ser que se regenera por sí solo: si le cortamos la cola, le vuelve a salir. Ese mensaje es el mismo para todos cuando tenemos un problema, un desamor o una enfermedad; está en nosotros regenerar nuestra vida y seguir adelante.

León. Representa la valentía y la fuerza. Es el símbolo del poder, la justicia, la curación, el sol, la fuerza de la luz, el guardián, el saber divino. Se presenta para que descubras que la vida no es un constante trabajo para obtener lo que quieres.

Libélula. Ella te dice que encuentres en tu corazón y tu alma ese espacio donde existe la magia, dentro de ti habita un lugar donde todo es real, desde los duendes hasta la vi-  vencia del amor eterno o una historia con castillos y gigantes; esto confirma lo que se dice, de que para llegar al mundo necesitamos la imaginación y la credibilidad de un niño, ya que si no fuera así, no existiría nada de lo que hoy palpamos. Busca a tu niño interno y encuentra la magia de todo.

Lobo. El lobo es un gran maestro que nos enseña sobre la sensibilidad y la intuición del ser. Se conecta con la luna, por lo que te habla de estar pendientes de los cambios lunares que nos afectan; también nos enseña a tratar de entender un poco sobre los astros, los planetas y la influencia que ejercen sobre las personas. Por último, el lobo te dice que ya estás listo para dar el siguiente paso laboral; es un gran aliado que nunca te deja solo, por lo tanto tendrás apoyo para lograr lo que desees.

Luciérnaga. Nos avisan que viviremos un tiempo de introspección y de tranquilidad; que no se debe temer lo que viene, ya que será muy positivo.

• M •

Mariposa. La mariposa siempre representará la transformación, pocos seres vivos experimentan la metamorfosis como ellas. Nos indican que es tiempo de soltar viejos hábitos que nunca nos han funcionado y  siguen en nosotros; te previene acerca de que pronto cambiarán las cosas, pero que tú puedes promover ese cambio.

Mono. Habla de la diversión en familia, probablemente te hacen falta momentos de diversión sin juicio con la familia, y si estás enojado con alguien es tiempo de perdonarlo. Recuerda que la vida es muy corta para ser orgullosos.

Mosca. ¿Qué tan insatisfecho te sientes? ¿Quieres que pase algo y no pasa? ¿Sientes que estás perdiendo el tiempo sin un motivo por el cual emocionarte? ¿Dónde se encuentran tus ganas de vivir? No dejes que la cotidianidad te consuma.

Murciélago. En poco tiempo habrá un cambio fuerte que dará un giro a tu vida, no es que sea bueno o malo, solo será un cambio de dirección.

• O •

Oso. Sueña tus sueños y vívelos: este es el mensaje primordial del oso, no temas no lograrlos o arriesgarte, un sueño deja de serlo cuando tú decides que así sea. Entonces, vive tus sueños pero primero organiza en silencio los pasos para llegar a ellos.

• P •

Pájaro. Los pájaros por lo general son representantes de la libertad y la esperanza de lograr nuevas metas. Te dicen que tienes las alas para lograr lo que quieras, pero depende de ti si quieres abrirlas, o pensar que nunca las tuviste. Recuerda que siempre puedes llegar más lejos de lo que tus ojos pueden ver.

Paloma. Por lo general en Occidente la paloma representa la paz, pero energéticamente es un animal que de modo constante busca compañía y es posible que el que encuentre una se sienta solo, tal vez por eso hay tantas palomas y en los humanos tanta soledad.

Pato. Nos habla de cosas materiales y en especial de lo económico de una forma positiva. Si lo sueñas o lo llevas contigo, te proveerá de una mejor economía en un corto plazo; si encuentras uno, él se encargará de que no te falte dinero en ese tiempo, por lo que podrás dormir tranquilo.

Pavo. Siempre nos va a acercar a situaciones familiares, porque en el inconsciente colectivo el pavo representa la comunión con los parientes; por ello, si encuentras un pavo y lo sientes como una señal, es tiempo de preguntarte cómo está tu familia y tu comunicación con ella.

Pavorreal. Es la totalidad, el todo; por ello, encontrarlo nos indica que ese día o ese momento sea atesorado porque te dará mucho para recordar, será un momento importante en tu vida.

Perro. Siempre ha sido caracterizado por su lealtad, pero también por su humildad. El perro es un aliado de poder que por lo general se encuentra con personas amistosas y sociables. Cuando encuentres uno y te mire, será bueno preguntarse cómo está tu sen-  cillez con respecto a las personas cercanas, cómo se encuentran tus lazos familiares y tus convicciones; quizás haya una persona muy querida en tu vida con la que es importante ponerte en contacto. Por último, representa humildad hacia los más débiles, como estos animales.

Pez. Desde una visión occidental, el pez nada a favor de la corriente todo el tiempo porque no tiene poder de decisión. Sin fuerza de voluntad, nos tomaremos en serio cualquier cosa que opine la gente, y al final lo que ellos digan será en lo que te convertirás. No tienes por qué ser como los demás, encuentra tu autenticidad y evita que el consejo de otros se convierta en tu decisión.

Pingüino. Los pingüinos siempre han representado el amor eterno, también nos hablan de la igualdad necesaria entre los seres humanos: las mujeres pueden trabajar y los hombres cuidar a los niños sin que sean vilipendiados por ello. El mensaje está en darte cuenta de que puedes realizar cualquier labor, no importa si es «femenina» o «masculina», solo debes atreverte a indagar en ti y ver cuáles son tus mejores capacidades.

Pulpo. Siempre ha estado relacionado con la posesividad de las personas o con asfixiar tus relaciones, ya sean de amistad o de pareja, por la dependencia hacia alguien; medita a qué dependencia puede referirse y podrás salvar tu relación.

• R •

Rana / sapo. Algo tienen de especial, porque van a cambiar tu suerte a lo opuesto de lo que estás viviendo: por ejemplo, si tienes un pésimo día, frotando el lomo de cualquiera de estos dos seres cambiará la situación de forma sorprendente hacia algo positivo, y te lo digo porque de hecho yo siempre cargo mi ranita de metal, la froto cuando lo necesito y sin fallar me da súper resultados. Pero ¡aguas!, porque igual quieres buena fortuna, aunque ya la estabas teniendo, y te la cambia a mala suerte, por ello debemos estar conscientes de en qué lado de la moneda estamos.

Ratones / ratas. No les quiero decir que son malos porque para mí no lo son y nunca lo han sido, a pesar de que mis encuentros con ellos han sido poco afortunados. Guardan los problemas de las parejas y los engaños, por ello, si empiezas a sentir que hay muchos en tu vida, tú y tu pareja o alguien importante para ti tendrán problemas próximamente.

• S •

Serpiente. El gran significado de este aliado está en su cambio de piel: la regeneración cada cierto tiempo para ser un nuevo yo. Es un animal chamánico y cuando lo soñamos probablemente estamos viviendo su poder,  como te digo, el de la regeneración y la transformación; es tiempo de cambiar de camino, crear uno nuevo. Tiempo de intentar cosas diferentes y no quedarte haciendo lo mismo, tiempo de que exista una conexión espiritual o emocional con la vida, tiempo de cambios importantes.

• T •

Tiburón. Cuando te sientes indeciso, el tiburón puede darte la fuerza que necesitas, pero al mismo tiempo representa tus miedos para lograr tus objetivos.

Tigre. Es el protector de los enfermos; en China es muy respetado porque posee una energía muy pura. Si lo encuentras es probable que exista alguien cercano con algún tipo de enfermedad que necesita tu atención y cuidado.

Toro. Cuando este animal se nos presenta en la vida de una forma poco común, nos habla de abundancia que llegará en el momento menos esperado, si es que tenemos paciencia y una actitud positiva.

Tortuga. Las tortugas hablan del tiempo y lo eterno. Son representantes de lo que perdura o de lo que quieres que perdure; si compras 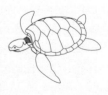 tortugas, inconscientemente buscas que algo persevere en tu vida.

· V ·

Vaca. La vaca ha sido un animal sumamente controversial: en algunos lugares las ven como divinidades y en otros como alimento, ¿verdad? Por lo mismo tiene dos significados, según de qué lado de la moneda te encuentres. Si vives sin moverte por miedo a dar el siguiente paso, la vaca te dice que ella al principio de los tiempos no aprendió a nadar y respirar en el agua porque no creyó que lo podía hacer; tampoco supo ser libre como el caballo y correr rápidamente, porque no quería moverse de su área de confort; no tuvo alas porque nunca pensó que era un animal libre, por ello quedó inerte en la nada. Pero si sientes que huyes de todo y no te arraigas, la vaca es también un buen mensaje de «echa raíces» y «aprende a alimentarte de tu presente», que solo él te dará la vida.

Venado. El venado puede ser un gran aliado, nos transmite vulnerabilidad y astucia a la vez. Se nos presenta cuando nos sentimos atacados o frágiles ante alguna situación, pero te dice que solo se necesita de tu astucia para salir adelante.

· Z ·

Zorra. Las zorras son particularmente difíciles de encontrar porque son animales que se presentan cuando una persona no está siendo lo que es; resulta un poco extraño explicarlo, pero es cuando te encuentras desfasado y tus acciones no son tuyas en realidad sino de tu inconsciente, por lo tanto te dice que necesitas sanación y limpieza del aura.

Zorrillo. Este animalito te indica que te encuentras en un proceso de introspección aceptando quién eres y lo que vives.

• Elementos naturales •

Los elementos son otra parte de la naturaleza, nos rodean en todo momento aunque no seamos conscientes de esto, pero podemos acercarnos a ellos de modo controlado e interactuar para conocer más acerca de la energía que nos envuelve o de cambios próximos en alguna circunstancia, pero también nos pueden ayudar a influir de modo positivo en el desarrollo de alguna situación.

• Fuego •

Cuando hablamos del fuego nos referimos a algunos movimientos drásticos visibles en su comportamiento y a las intenciones que ponemos al utilizarlo.

Vela con llama que brinca o parpadea. Esto es perfecto para detectar cómo se encuentran las energías en los espacios; prender una vela en un lugar donde te sientes inseguro implica que probablemente esta parpadee, porque la energía del lugar puede ser muy agresiva y cortante. También se ha utilizado este método para saber si se encuentran seres o espíritus en un lugar, y si es así, se recomienda poner un vasito con agua para traer la paz al sitio.

Si la llama crece. Cuando la llama crece es todo lo contrario a lo anterior, esta nos trata de decir que existe una conexión muy fuerte contigo y hay mucha armonía entre el espacio y tú; por lo tanto, siéntete como en casa ya que la energía de ese lugar es muy compatible a la tuya.

Prender una vela al revés. Aunque este es más un ritual que una señal, lo quise agregar aquí porque ayuda a mejorar los tiempos en que te encuentras. Implica prender una vela al revés: en lugar de hacer arder el pabilo que está listo para ello, voltea la vela y enciende el del otro lado. Antes de hacerlo, escribe en la vela lo que te gustaría que cambiara y la prendes hasta que se consuma totalmente, así moverás la energía de tu presente.

Ver un incendio. Nos avisa que vienen tiempos difíciles, sobre todo porque serán pesados y emocionalmente muy cansados.

• Tierra •

La tierra es la que más nos habla de los acontecimientos próximos, su energía está conectada con el todo; es la que más sabe sobre lo que vendrá.

Cuando caen hojas al revés. Fíjate que es extraño este efecto, pero cuando vemos volteadas las hojas de los árboles en el piso o que caen al revés, nos avisan sobre las próximas lluvias. El mensaje es el mismo si vemos esponjada la cola de una ardilla.

Si tomamos una hoja en el aire en la época de otoño. Se dice que tomar una hoja al caer del árbol es un augurio de buena salud para todo diciembre, así que cuando sea otoño nos pondremos a perseguir las hojas en el aire.

Enterrar los pies en la tierra o arena. Esto es lo mejor que puedes hacer como ritual para limpiar la energía, o cuando te sientas presionado o estresado; la tierra o la arena se lo llevarán todo. Inténtalo y te darás cuenta de los grandes efectos de esto.

Detección de un temblor. Aunque no lo creas, los primeros animales en detectar un temblor, hasta con cinco días de anticipación, son los sapos. Si vives en un lugar donde los haya y de pronto los dejas de escuchar, es probable que esté cercano un temblor. Otra forma de predecir temblores es cuando los animales hacen sonidos muy fuertes, principalmente para advertir a los de su especie.

• Agua •

El agua llama agua, se encarga de limpiar y remover todo a su alrededor; esta es una enseñanza, creo yo, que Dios nos brinda. Aquí te daré algunas referencias para saber si va a llover.

Ya mencioné las hojas al revés y la ardilla de cola esponjada, pero también las rodillas de algunas personas, la luz en las nubes y los cuernos de la luna son otras formas más.

Arcoíris. Representa la llegada de las lluvias y probablemente una lluvia en particular se dará en los siguientes tres días.

Las rodillas. Por la humedad que se produce antes de llover, las personas con problemas de articulaciones sienten molestias y esto funciona como aviso.

Grumos. Si las nubes forman grumos es una señal de que va a llover, por eso se dice que «cielo empedrado, suelo mojado».

Mirando al cielo. Si miramos al cielo hacia el oeste y se encuentra rojizo o anaranjado es porque tendremos un buen día, pero si ves pequeñas nubes juntas hacia el horizonte, mañana lloverá.

Llamar a la lluvia. Una forma de atraer la lluvia es con este pequeño ritual: toma un poco de agua con las manos, y mientras la dejas caer en la tierra, di estas palabras: «Que las gotas de mis manos sean una ofrenda para llamar el poder de las aguas y mojar así la tierra viva». Que así sea.

· Viento ·

Tiempos de cambio, tiempo de escuchar tu voz, este siempre tendrá algo que decirte.

El viento y la humedad. El viento tiene también una forma de decirnos que lloverá, sobre todo porque lleva con él la lluvia.

Los cambios y el viento. Cuando el viento sople fuertemente, cierra los ojos y él te dirá si pronto habrá un cambio. Este será para todos los seres humanos. Es buena idea ver cómo se encuentran los astros y qué pasa con ellos, porque nos afectan y puede ser eso lo que el viento trata de decirnos.

Cuando el viento sopla suavemente. Se dice que el viento lleva consigo todos los secretos de las personas. Si prestas atención cuando suena como un chiflido, sabrás algo de alguien o «te caerá el veinte» sobre cosas que están viviendo personas cercanas.

El viento enfermo. Así se le llama cuando no sopla por días. Puede afectar nuestra salud o estado de ánimo.

Siempre hay alguien en el mundo que trata de decirte quién eres. Nuestros oídos sordos se han encargado de bloquear todos los mensajes, pero, ¿realmente valdrá la pena negarte a apreciar tales fenómenos cuando el mundo pide a gritos ser escuchado? ¿Quieres ser parte de los seres que optan por voltearse y no ver lo que la naturaleza nos trata de decir, o prefieres escribir tu nombre en el aire y creer que entre las nubes existe un Dios?

Hay un Dios que siempre te cuida y te previene. Abre los ojos y el mundo será tuyo.

ÁNGELES Y FANTASMAS

Esta sección, para mí una de las más especiales de este libro, se refiere a los seres de luz que siempre nos acompañan, nos guían y nos cuidan. Sin embargo este mundo, con tanto ruido, y me refiero a ruido literal, se ha vuelto una prueba casi imposible para entrar en contacto con los seres de luz. Si de por sí no es una tarea sencilla contactarlos cuando nos encontramos tranquilos, con el mundo girando a tanta velocidad nos puede resultar un poco más difícil acercarnos a sus dimensiones.

Les cuento que yo, a pesar de ser una persona espiritual y a quien le ha tocado ver cosas realmente sorprendentes, paranormales, extrasensoriales y demás, nunca había tenido una experiencia tan fuerte como la que tuve con los ángeles y los seres que me protegen, sobre todo con Rosa Mística. Quizás algunos no sepan quién es ella, como hace unos años tampoco lo sabía yo; es por ello que, para adentrarnos en el tema, he decidido contarles este suceso ya que, después de habernos conocido en mis tres libros anteriores, para mí tú eres familia y tengo la confianza de hablarte sobre mis vivencias. Te recomiendo que vayas por algo de beber y te sientes de una forma cómoda, que así empieza mi historia.

• Rosa Mística •

Hace veinte años murió mi abuela, a quien quería mucho; como nunca llegué a conocer a la mamá de mi papá, ella era mi única abuela, hasta que mi mejor amigo me presentó a su familia, quienes se convirtieron en personas muy importantes para mí y entre ellos volví a tener a una abuela que me quería, me consentía y me contaba historias maravillosas de sus años mozos.

Un día la abuela se me acercó y me dio un regalo, yo sin más lo abrí y descubrí que era un libro de ángeles. En esa época no me sentía en lo más mínimo conectado con ellos; de hecho ni les daba alguna importancia. Yo amablemente agradecí el presente pero no lo volví a ver, lo dejé guardado entre todos los demás que conservaba, siendo este el único libro sobre ángeles en mi haber.

Cerca de dos años después de dicho acontecimiento, un día 13, la abuela murió dejándome con mucho dolor por su ausencia, pero a la vez con un gran aprendizaje y crecimiento emocional. Los días pasaron y la vida continuó para nosotros; yo seguía enfocado en ayudar a la gente y en estudiar cursos de todo tipo.

Una noche soñé que me encontraba en un lugar muy oscuro y tenebroso en el que me sentía inseguro y con mucho temor. Caminando por aquel sitio descubrí que había una puerta frente a mí, pero para poder llegar a ella tenía que cruzar un lugar donde se veía gente que me producía mala espina. La verdad me encontraba en una encrucijada: seguir caminando o quedarme ahí, paralizado de miedo. De repente, a lo lejos vi cómo de la nada apareció un niño y se acercó hacia mí; su mirada era profunda y muy tierna, al tiempo que su rostro reflejaba una serenidad alentadora. Una vez que llegó frente a mí, se detuvo y me dijo: «No temas. Aquí estoy para cuidarte», y me abrazó.

Yo sentí mucha emoción cuando lo hizo, sobre todo unas

ganas enormes de llorar. Después de aquel abrazo me dijo: «Pronto te daré una rosa como esta», y de entre sus manos, de la nada, sacó una rosa. «Esta rosa te cuidará siempre», añadió.

En ese momento le pregunté quién era y lo único que me dijo fue: «Soy un ángel» y mencionó su nombre, el cual no recuerdo (☹) pero no era ninguno de los que comúnmente conocemos.

Al momento de repetirlo, desperté. Como todavía era de noche, me volví a dormir y no soñé más con el ángel.

A la mañana siguiente desperté muy extrañado por mi sueño, sin saber qué pensar o sentir. Nunca había tenido contacto con ángeles y tampoco sabía a quién recurrir para hablar de ellos; lo primero que se me ocurrió fue platicar con la mamá de mi amigo. Al comentarle todo lo sucedido en mi sueño, me preguntó qué había significado para mí.

Lo primero que se me vino a la mente fue que posiblemente era un mensaje de la abuela para ella, para que así se acercara a los ángeles y se sintiera cuidada y protegida por ellos. Se lo comenté y aproveché para decirle que la abuela me había obsequiado el único libro que yo tenía acerca del tema, quizás era momento para que cumpliera su misión: dárselo a ella para que lo conservara y la ayudara en el proceso de tan fuerte pérdida. Emocionada, me lo agradeció mucho.

Por cuestiones de tiempo y distancia se me fue complicando enviárselo, y aunque me lo recordaba, al poco tiempo me olvidaba de ello.

Pasó casi un año del fallecimiento de la abuela y un día recibí una llamada de la mamá de mi amigo, preguntándome si acudiría a la misa de la abuela que se celebraría el siguiente lunes 13; le dije que ahí estaría y prometí que ahora sí, sin falta le daría el libro. Esa noche, un martes 7, según recuerdo, tomé el libro y se lo di a una amiga para que se lo entregara a mi amigo al día siguiente, con la instrucción de que él se lo hiciera llegar a su mamá.

Esa noche, al dormir, mi vida cambió por completo.

Cerré los ojos hasta quedar profundamente dormido. Empecé a soñar que me encontraba en mi recámara, acostado de la misma manera (básicamente aquello era un desdoblamiento), y de pronto un terror interno empezó a recorrer todo mi cuerpo, como si mi sangre fuera fría; afuera de mi cuarto se escuchaban gritos, lamentos, ruidos muy feos, una suerte de agonía que no terminaba. Nunca me había asustado tanto; solo recuerdo que mi alma quedó paralizada de pánico. De repente una luz se presentó frente a mí diciendo: «No temas, noble hombre, yo te cuidaré. Mi corazón lleva la pureza que te guardará de todo mal».

«¿Quién eres?», pregunté.

«Soy Rosa Mística y te protegeré siempre.»

Sentí tanta fuerza y valentía que salí corriendo de mi recámara (claro, seguía soñando); al abrir la puerta observé que había miles de esferas negras que hacían terribles ruidos de dolor. Yo solo gritaba: «¡Soy Apio y Rosa Mística me protege!». (Todavía hoy, cuando lo cuento me da mucha risa. ¡Parecía loco, escapándome de la clínica gritando en pijama!)

Lo mágico de todo esto era que cuando lo hacía, ¡las energías oscuras se alejaban de mí!

Regresé a mi cuarto, me volví a acostar y cuando desperté todavía tenía esa sensación de gritar al mundo que Rosa Mística me protegía, pero después de un rato de analizar mi sueño, me dije que solo era eso mismo. Sin embargo, aun así escribí el nombre que me dijo aquella luz, el que por cierto yo desconocía completamente, pero esta vez no lo olvidaría. Me volví a dormir.

A la mañana siguiente desperté para atender una agenda bastante apretada ya que empezaba la promoción de mi primer libro, y entre desayuno, entrevistas y grabaciones terminé olvidando el sueño. Llegué a casa como a la una de la tarde, y cuando dejé mis cosas en el buró a un lado de la cama, encontré el nombre de aquella luz que había estado conmigo en la noche. (¡Súper!)

Sin más, corrí a internet para investigar quién era. Para mi sorpresa, ¡se trataba de una virgen! Una virgen hermosa que jamás había visto, llamada Rosa Mística. En el texto decía que había hecho ya varias apariciones predicando sus palabras de protección y amor a los seres humanos; también leí que los días de sus apariciones eran principalmente los días 7 y 8 de cada mes (a mí se me presentó un día 8 antes de amanecer). Sin embargo, lo que más me sorprendió fue que Rosa Mística pedía ser recordada los días 13 de cada mes, y así llenaría de abundancia las manos de quien creyera en ella. Para mi sorpresa, el 13 era el día en que tendríamos la misa de la abuela.

Casi me caigo de la impresión: lo primero que pensé es que quería a mi Rosa Mística en una imagen o escultura para que me cuidara y poder encenderle una velita.

Al comentarle todo esto a una persona que trabajaba conmigo, me dijo que había oído hablar de ella, pero pensaba que no encontraría muchos recursos al respecto en nuestra ciudad ya que era más bien una devoción muy arraigada en España. Yo, con toda mi emoción, busqué en internet por todos lados, incluso en eBay, sin éxito. (☹)

Quería decirle al mundo que una virgen me había hablado en mi sueño, contarles de Rosa Mística, y claro, mi primera llamada fue a la mamá de mi amigo. Le marqué y tuvo lugar la siguiente conversación:

Yo: ¿Cómo estás?

Ella: Bien, ¿tú qué me cuentas?

—¡A que no sabes lo que soñé!

—¡Cuéntame!

—Soñé (bla, bla, bla), cuando se presentó una luz diciendo que se llamaba Rosa Mística; llegué a pensar que era una luchadora (¡ups!), ya que el nombre no se me hacía familiar.

—Jajaja, ¿cómo crees que va a ser una luchadora? Es una virgen.

—¿Y tú cómo lo sabes?

—Porque esa virgen la tengo yo.

—¿Quéee? ¿Cóooomo?

—Hace muchos años, cuando vivía la abuela, tocaron a su puerta; al abrir se encontró con una señora que venía a presentar a Rosa Mística. La abuela, conmovida por la virgen, compró una imagen grande y la conservó; cuando murió, me la quedé yo, pero por lo que veo ya no me pertenece sino a ti.

Dentro de mí había tanta emoción que no podía contenerme.

Ella: Hoy que vea a mi hijo se la doy para que te la entregue.

Yo: ¡Qué coincidencia! Él ya tiene el libro de ángeles para ti.

—¡Súper intercambio!

Aquella noche recibí a Rosa Mística, hermosa como en sus imágenes; fue una experiencia muy padre. Al tenerla frente a mí recordé que el ángel de mi sueño me dijo que yo recibiría una rosa que me protegería para siempre; así, en el momento en que el libro de ángeles llegó a las manos de la mamá de mi amigo, yo recibía a Rosa Mística. Qué fuerte, ¿no crees?

Después de ese primer encuentro la volví a soñar, siempre cuidándome de energías negativas y seres oscuros, y conseguí no volver a soñar con ellos.

Poco tiempo después me tomé un café con una amiga y le conté todo; sorprendida, prometió creer en ella como yo. Pasó el tiempo, se acercaba el día de la presentación de mi primer libro, *Mirada mágica*; yo estaba bastante nervioso pero a la vez muy contento. En la mañana me acerqué a un pequeño altar que tengo, con mi virgencita y mis ángeles, y prendí una vela. «Rosa Mística, por favor, te pido con todo mi corazón que sea todo un éxito», dije, y le agradecí que me diera una señal para saber que se encontraba conmigo.

En ese momento sonó el timbre de mi casa: me disculpé con Rosa Mística por la interrupción, bajé a abrir la puerta y descubrí a la amiga a la que le había contado la historia, quien me dijo: «Solo vengo a desearte mucha suerte en este día tan importante para ti, y te entrego esto», y me dio una tarjeta y una rosa; yo le agradecí el hermoso detalle y la abracé mientras nos despedíamos.

Al llegar con Rosa Mística le dije: «Mira lo que trajeron, una rosa para ti»; se la puse en un vasito de agua y terminé mi oración. Para esto, casi olvidaba la tarjeta que mi amiga me había traído. Al abrirla, leí estas palabras: «Esta rosa no te la mando yo, sino Rosa Mística, para decirte que está contigo y te cuida. Esta es una señal para ti».

Me sorprendí muchísimo, ya que esa era efectivamente la señal que le había pedido para saber que estaba conmigo.

Ahora, esta pregunta es para ti:

¿Todo esto ha sido un mundo de casualidades? ¿O quieres creer, como yo, en seres que todo el tiempo están cuidándote?

Tú ya sabes cuál es mi respuesta. (☺)

Fue así como quise adentrarme más al mundo de los ángeles y los seres de luz, como Rosa Mística. No quiero decir que sea la única: para ti puede ser ella quien te guíe o algún otro maestro de luz que te cuida siempre, pero sí te puedo asegurar que cuando me relajé y me abrí a la posibilidad de que sucediera, así sucedió.

En este nuevo camino por descubrir conocí a Doreen Virtue, una mujer reconocida mundialmente por conectarse con los ángeles, hacer cartas y oráculos de estos; tuve la oportunidad de prepararme con ella en Kona, Hawai, una experiencia muy bonita. Al regresar, me encargué de trabajar con los ángeles de las personas y escuchar lo que tenían que decirles.

Una de las cosas con las que me encontré fue que para entrar en contacto con ellos necesitas estar en un punto muy relajado; a pesar de que siempre se encuentran cerca, poderlos escuchar requiere de ti y tu sensibilidad.

Un segundo punto que descubrí fue la necesidad de entrar en su frecuencia, ya que si no lo hacía así, sus palabras no tenían sentido, eran solo sonidos y visualmente solo luces; al acceder a su frecuencia las palabras tienen sentido y los puedes ver con formas más claras.

Un tercer punto fue que percibí en mí sensaciones y emociones a flor de piel al momento de advertir su presencia: no sé, ganas enormes de llorar, de reír, de amar, o sentir que tu cuerpo se hace muy frágil y muy sensible. Se pierden todas las defensas y los escudos humanos; el tiempo y el espacio desaparecen, y te vuelves parte de un todo. Vas comprendiendo que te conviertes en un canal energético en el que se filtra la información que nos mandan para transmitirla a los seres humanos.

Después de escribir mi historia, te puedo decir que efectivamente existen varios métodos para llegar a ellos y son los que te describiré en este capítulo.

• Arcángeles •

Los ángeles y arcángeles son seres reconocidos mundialmente, como los arcángeles Gabriel o Miguel. Te ofrezco aquí algunas explicaciones que considero importantes acerca de cada uno, y más adelante veremos cómo comunicarte con ellos o con los seres de luz que te protegen. Aunque tienen su oración específica para invocarlos por separado, yo nunca las he utilizado y aun así los he tenido cerca de mí; por ello, más adelante te diré cómo entrar en contacto directo desde tu corazón.

Miguel. Sus dones espirituales te liberan de miedos e incertidumbre acerca de quién eres; brinda fuerza y perfección a tu fe y tu alma. Él nos protege contra los peligros mundanos y espirituales como secuestros, asaltos, robos, energías negativas o demonios.

Chamuel. Amoroso, compasivo, ayuda a los seres humanos en su autoestima, a soltar el egoísmo y a llevar el perdón. También nos protege contra los malos entendidos, la maldad, las separaciones o desamores; te ayuda a tener más claro tu camino profesional, a encontrar amigos verdaderos y a localizar objetos perdidos.

Rafael. Cura nuestro cuerpo y mente de energías negativas; nos conecta con la creatividad y la sanación por medio de la música, la medicina alternativa y la ciencia. También cuida de tus necesidades físicas, como alimento, ropa y casa. Se encarga de curar a los heridos e inspira a los doctores a buscar nuevas alternativas para aliviar el cuerpo.

Gabriel. Te conecta con tu vida espiritual y le da un propósito a la misma. Siembra felicidad y alegría en tu camino, disuelve el desaliento; nos ayuda a protegernos contra los desastres naturales, suscitando sueños premonitorios, y nos ayuda en llevar una buena salud sin caer en la enfermedad. Nos guía por el sendero de la paz.

Metatrón. Nos ayuda a encontrar la medida apropiada para todos nuestros objetivos de vida. Es testigo de nuestras acciones, del amor que ofrecemos a los demás y de nuestro potencial como seres humanos para amar.

Jofiel. El ángel de la sabiduría, la iluminación, la comprensión, la expresión, la intelectualidad y el conocimiento. Él nos brinda prosperidad y un despertar espiritual.

Sandalfón. Es compasivo, sensible; nos ayuda a liberarnos de los apegos, a no esperar nada a cambio de lo que damos, a ser felices por solo serlo, y a no juzgar a los demás ni a nosotros mismos. Cuida de las heridas del corazón y del amor no correspondido.

Zadkiel. En él existe la misericordia, la libertad, pero sobre todo la justicia. También ayuda a aceptar recuerdos dolorosos para darle paso a lo nuevo, es tolerante, diplomático y equilibrado.

Uriel. Lleva consigo paz interior que aleja la ira y la agresión de quien lo busca; renueva la esperanza al igual que fomenta la armonía en los espacios, como podrían ser los de trabajo. Ofrece crecimiento, inspiración y creatividad en los hombres; sobre todo cuida de aquellos cuyos trabajos se inspiran en servir a los demás.

Como te comentaba anteriormente, uno de los puntos fundamentales para entrar en contacto con ellos es llevar a cabo una relajación profunda; por eso, aquí haremos una relajación mágica que no solo te ayudará a que los tengas más cerca sino que también sentirás un cambio radical. La siguiente es una técnica de visualización, ya que siempre pedimos visualizar una esfera, un color, una luz, un lugar, pero pocos sabemos hacerlo, así que este es el momento de aprender.

• Primera etapa •
Visualización

Visualizar es crear con tu mente una imagen capaz de afectar tu cuerpo físico con sensaciones y producir un movimiento real en ti y en tu entorno. Para empezar, solo te voy a pedir que en este momento, con los ojos cerrados, imagines una pelota.

¿De qué color es?

Ahora abre los ojos.

¿La pudiste ver?

De nuevo con los ojos cerrados, vas a ver un caballo blanco; cuando lo veas, imagina que se encuentra en un bosque. Abre los ojos.

¿Pudiste ver el caballo blanco?

¿Pudiste ver el bosque?

Si la respuesta es sí, ¡muy bien! Vamos por buen camino.

Ahora te pido que vuelvas a cerrar los ojos y veas al caballo en el bosque; en ese bosque miras el cielo y cómo cae la lluvia mojando al caballo.

¿Lo puedes hacer?

Si en algún momento te atoras o llegan pensamientos externos, trata de meterlos en tu imagen y bórralos con una goma imaginaria; puedes regresar a imaginar solo la pelota.

Si te es posible seguir con la visualización, ahora imagina que el caballo se convierte en luz blanca y entra por todo tu cuerpo; sientes la fuerza del caballo dentro de ti.

Abre los ojos.

¿Cómo te fue?

¿Lo pudiste imaginar?

Si es un sí, ¡felicidades!, ya estamos del otro lado.

A continuación encontrarás algunas relajaciones; lo que te voy a pedir es que primero grabes la relajación y después la uses como guía al momento de cerrar los ojos.

• Segunda etapa •
Primera relajación

Busca un lugar tranquilo y sereno donde no vayas a ser interrumpido.

Cierra los ojos.

Inhala y exhala.

Al inhalar piensa en el color blanco, y al exhalar piensa en el color azul.

Así vas a hacer treinta respiraciones. Poco a poco te sentirás más relajado; todo tu cuerpo se libera de tensiones, preocupación y presiones. Solo permite que esos dos colores habiten tu mente hasta que poco a poco logren entrar a tu cuerpo, como un aire sutil.

Siente un leve sueño que recorre tu cuerpo, el cual suscita las ganas de dormir profundamente; poco a poco te empiezas a quedar dormido, cada vez más y más profundo, pero sigues escuchando la voz de tu relajación.

Tu cuerpo se siente más pesado, cada vez más y más, hasta que no lo puedes mover. Es en ese momento que llega una luz dorada y entra por tu cabeza: cuando esto sucede sientes una emoción infinita, y aunque no te puedas mover, solo te dejas llevar por la experiencia.

De pronto esta luz empieza a salir por tu espalda como si dos alas se formaran, convirtiéndote en un hermoso ángel que brilla en su totalidad. Vive esa experiencia por unos momentos, y ya que lo hayas hecho, olvida quién eres, solo visualízate como un ángel, como un ser de luz.

Siente dentro de ti la experiencia del amor, cómo este crece, te llena de compasión y aprecio por todos los seres vivos. Ahora llama a los seres de luz que se encuentren cerca o a tus ángeles, diciendo estas palabras:

Por el amor que mi alma siente, descubro que no me encuentro solo y que nunca lo he estado, porque te tengo a ti.

Levanta los brazos y vive las sensaciones que tienes en tus manos y en tu cuerpo al conectarte con ellos.

Ahora vas a decir:

Extiendo mis brazos como extiendo mi alma.
Los recibo con gozo y compasión en mi corazón.

Ahora baja los brazos y mantente en silencio por unos minutos; solo escucha, siente, no cuestiones tu experiencia, solo recibe.

Después de unos minutos, comienza a sentir tu realidad otra vez, pero con el corazón abierto. Percibe dónde te encuentras, siente tus músculos, tus huesos y mueve lentamente tus articulaciones, brazos, manos, cuello, pies.

Respira profundo tres veces, y a la tercera exhalación abre los ojos.

Es probable que te sientas raro, como adormilado, como si no percibieras bien la realidad; esto es parte de la experiencia. Es necesario que vayas por un vaso de agua o un té y te relajes.

Test

Debemos entender una nueva situación: todos podemos acercarnos a los seres de luz, pero de diferente forma. Algunos somos más *clarividentes* (podemos verlos); *clariaudientes* (podemos escucharlos); *clarisintientes* (podemos sentirlos). Por lo tanto, es importante descubrir cuál es tu mejor habilidad de entre todas estas. Para ello te voy a pedir que hagas este pequeño test:

1. En la relajación anterior, ¿qué fue lo primero que vino a tu mente?
     a) voces
     b) imágenes
     c) sensaciones

2. Cuando te acercas a alguien, ¿qué es lo primero que buscas?
     a) Contacto físico
     b) Contacto visual
     c) Escuchar su voz y lo que tenga que decirte

3. Cuando vas de viaje, ¿cuál es la impresión que te llevas de los lugares?
     a) Sus paisajes
     b) Su clima
     c) Las experiencias

4. Si vas al cine, ¿qué es lo primero que llama tu atención?
     a) El lugar donde ocurren los acontecimientos
     b) Lo que te hace sentir
     c) La música

5. ¿Qué problema físico es más común para ti?
     a) De la piel
     b) Del oído
     c) De la vista

Respuestas:

1. a) Clariaudiente
    b) Clarividente
    c) Clarisintiente

2. a) Clarisintiente
    b) Clarividente
    c) Clariaudiente

3. a) Clarividente
    b) Clarisintiente
    c) Clariaudiente

4. a) Clarividente
    b) Clarisintiente
    c) Clariaudiente

5. a) Clarisintiente
    b) Clariaudiente
    c) Clarividente

Una vez concluido el test, te pido que regreses a tu espacio a la posición de meditación.

• Tercera etapa •
Segunda relajación

Esta vez vas a necesitar una vela blanca.

Enciéndela.

Ahora siéntate de forma cómoda.

Centra tu atención en la llama de la vela; observa cómo te hipnotiza y relaja lentamente las diferentes regiones de tu cuerpo, poco a poco, tus músculos, tus huesos y cada parte de ti, cada vez más.

En este momento, cuando sientas que todo se encuentra en un estado de paz, empezarás a decir este mantra:

Ángeles, arcángeles, seres de luz y maestros iluminados, guíenme para llegar a ustedes, como ustedes llegan a mí; ayúdenme a escuchar su voz, sentir su calor, mirar su luz. Que así sea.

La voz posee un gran poder, porque tiene la capacidad de atravesar todas las dimensiones existentes; por ello su sonido puede crear un camino entre nosotros y los seres de luz.

Al repetir constantemente un mantra, una palabra, una frase, se activa el camino espiritual entre los seres humanos y los seres iluminados. Es por esto que es necesario decirlos varias veces, hasta que percibas cómo tu cuerpo se hace más sensible al mundo exterior; es probable que ahora empieces a escuchar voces o sonidos.

Muchas veces interpretamos las voces como si fuera la de nuestro inconsciente; es la voz de los seres de luz, lo que debemos hacer es escuchar la claridad de las palabras.

Si existe la claridad y sobre todo si las palabras fluyen, entonces son sus voces transportándonos a la claridad que necesitamos. Si hay confusión o duda, las palabras no fluyen o se siente una especie de neblina en la voz interna, es probable que sea tu inconsciente. Recibe la información que necesitas y guarda la calma al hacerlo.

• Cuarta etapa •
Juego

Una forma en la que puedes estar cerca de los seres de luz es volviendo a ser niño. Así como lo oyes: los ángeles están más en contacto con ellos porque no llevan la cantidad de «equipaje» que cargan los adultos. Por eso te voy a pedir que lleves a cabo el siguiente ejercicio:

Deberá hacerse de noche, a partir de las ocho. Te preguntarás por qué y es que en la noche nos volvemos más sensibles, esas horas nos ponen a todos los seres vivos más alertas de nuestro entorno.

Prende velitas en lugares confiables donde no las vayas a tirar y estén seguras; pon música divertida para bailar o música para niños. Apaga la luz.

Cierra los ojos y empieza a brincar; luego mueve las caderas, canta, baila, deja que la energía recorra todo tu cuerpo. Siente la vida misma en tus desplazamientos, disfruta esa sensación de libertad; todo tu cuerpo se vuelve movimiento y armonía.

Imagina que los ángeles bailan y cantan contigo, y sobre todo, que te toman de las manos.

Vendrán a ti tantas sensaciones y emociones; permítelas todas. Cuando ya no puedas más, recuéstate despacio en el suelo o en la cama e imagina que te caes de una nube y tus ángeles descienden contigo.

Al caer solo recibe sensaciones, emociones; escúchalos, siéntelos, abrázalos.

Te sorprenderás realmente de esta experiencia.

· Tipos de seres de luz ·

En el mundo espiritual existen varios niveles que veremos en el apartado «Dimensiones», por lo tanto solo mencionaré que existen varios tipos de seres en quienes creer y con los cuales comunicarnos. Aquí te hablaré de ellos para que los conozcas un poco más.

Seres amados. Son familiares o personas importantes con las que creamos un vínculo en la Tierra. Al morir, trascendieron a una dimensión más elevada aunque cercana a la nuestra, desde la que pueden protegernos, cuidarnos, y si logramos salir de nuestro dolor y meditamos, podemos comunicarnos con ellos. También podemos contactarlos por medio de los sueños.

Seres de luz. Son energías luminosas que podemos contactar por medio de sueños o relajaciones profundas, se presentan en momentos difíciles para ser nuestros guías en el camino. Cuando entras en relajación profunda y visualizas un lugar especial, ellos pueden llegar a él en forma de luz o de seres muy hermosos con luz en el pelo, en las manos o en los ojos.

Ahora ya sabes cómo puedes conocerlos.

Maestros ascendidos. Cuando estos maestros compartieron el plano de la vida, brindaron información valiosa para nuestro crecimiento espiritual:

> Jesucristo
> Buda
> Saint Germain
> Lady Portia
> Djwal Khul
> Quan Yin
> Lady Nada
> Sanat Kumara
> Virgen María
> Morya

Ellos, entre muchos otros, nos han cambiado el destino. Invócalos para tener una mejor claridad y sentido en la vida, simplemente cierra los ojos y llámalos por su nombre; podrán manifestarse.

Ángeles. Para entender el mundo de los ángeles es importante conocer cuando menos una de las teorías que existen acerca del nacimiento de los planetas y entre ellos la Tierra. A mi parecer, la que tiene más sentido es la teoría del *Big Bang*, ¿la conoces?

Te pregunto: ¿crees que al principio de los tiempos no existía nada? Si es así, ¿cómo pudo surgir algo de la nada?

Si tengo un sitio completamente vacío, donde ni siquiera existen células de ningún tipo, ¿cómo podría aparecer algo? Y si apareciera de un momento a otro, ¿cómo pudo crecer o aumentar su tamaño, si no existe espacio?

Entonces supongamos que existía un algo, ese algo era una fuerza de luz, ¡que contenía dentro de sí el universo entero! (Pongámosle el nombre de Dios.)

Por cuestiones de temperaturas, movimientos y cambios inevitables, esta fuerza creó una expansión, algunos dicen que fue en realidad una explosión pero hoy en día la teoría es distinta y se piensa que la expansión ocurrió progresivamente.

Ahora bien, cuando se originó esta expansión, se crearon campos vibratorios de energía llamados *dimensiones*, distintos entre sí, y cada uno contenía una gran parte de esa fuerza de luz, pero mientras más se alejaban empezaba a existir oscuridad y vacío o ausencia de ella; el vacío era más intenso mientras más lejos se encontraran de la fuerza de luz. Al establecerse las dimensiones, lo más interesante de todo es que en cada una, a partir del ambiente creado por la cantidad de luz, diferentes seres y especies fueron creados con moléculas: mientras más cercanas a la luz estuvieran las dimensiones, mayor era el grado de conciencia y luz en estos seres. Los ángeles pertenecen a una dimensión muy próxima a la fuerza de luz, algunos con una vibración más alta.

La Tierra pertenece a la tercera dimensión, donde existe un perfecto equilibrio entre la oscuridad y la luz; por lo mismo, se estableció que los seres surgidos en su superficie serían cuidados por otros de luz más elevada, para que los primeros puedan lograr el ascenso y la iluminación necesaria para llegar a la fuerza vital o Dios.

Dios envió vigilantes desde los cielos a cuidar la Tierra, pero ellos cayeron tentados ante la raza humana, principalmente las mujeres, y comenzaron a hacer de las suyas. Al ver esto, las energías de Dios, incluido el arcángel Miguel, los enviaron a la oscuridad, entre ellos a Lucifer, un ángel hermoso que retó a las fuerzas divinas. (Se dice que el diablo o ese personaje, el rey de las tinieblas, no es Lucifer sino una fuerza mayor, y Lucifer es su sirviente). Hubo una inundación para terminar con todo lo creado por la oscuridad, y se volvió a originar nueva vida.

Cada dimensión está formada por una conciencia distinta: la primera, la más alejada de Dios, consiste solo en minerales, estos tienen fuerza pero no una conciencia propia, alguien más puede manejarlos y usar su fuerza pero no lo hacen por sí mismos. Su forma es sólida y carecen de vida.

La segunda dimensión es donde se encuentran los animales y plantas, estas tienen menor vibración de luz que los animales pero a su vez la de estos no es tan alta como la de los de la tercera vibración, los humanos. Las plantas cuentan con un grado de conciencia, sin embargo se limita a creer que solo existen ellas y nada más; los animales ya creen en sus manadas o grupos pero aun así no tienen una conciencia mayor. En esta dimensión habitan seres sin forma que viven desde la oscuridad.

En la tercera dimensión se encuentran los seres humanos y el nacimiento claro de las emociones; a pesar de que los animales también las poseen, no tienen la misma claridad de aquellas pues los humanos gozan de una mayor conciencia y razón. En este espacio podemos encontrar desde seres con una vibración baja, capaces de comerse entre sí, hasta otros con una vibración muy elevada, como Buda o Jesús y todos los maestros ascendidos.

En la cuarta dimensión las criaturas existen todavía con un cuerpo aunque formado por una mayor cantidad de luz o de oscuridad, ya que aquí sigue existiendo esta última. Todavía se mueven por emociones y no tanto por la mente, se sabe que hay una unión universal mucho más fuerte que como individuos (la segunda es más propia de la tercera dimensión). Aquí se encuentran nuestros guías espirituales (aquellos seres de luz que nos guían y cuidan de nosotros, al igual que los ángeles y el camino de los maestros ascendidos), pero también seres de la oscuridad que se alimentan de nuestro miedo, ira, soberbia, dolor, envidia, etcétera.

En la quinta dimensión se encuentran seres con una vibración más elevada; ya no tienen un cuerpo pero sí una forma hecha de luz. Si morimos y queremos reencarnar para elevar nuestra vibración y conciencia, es aquí donde ellos crean nuestro destino y nos regresan a la Tierra para vivir nuevamente. En este lugar también habitan seres de oscuridad con una gran fuerza y conciencia, ellos entran en nuestros sueños en forma de pesadillas y aprovechan nuestros deseos más oscuros y nuestras acciones negativas.

En la sexta dimensión ya no hay oscuridad y aquí se encuentran los pilares del cielo, es donde habitan los arcángeles de Dios que cuidan la armonía en el universo. Ellos ven por todos nosotros, su conciencia es superior y poseen una luz y vibración muy altas.

La séptima dimensión es la vibración del sonido, existen seres de luz muy elevada y en este espacio la fusión entre unos y otros es más notoria; aquí se activa la fuerza pura de la unidad y la conciencia más clara de Dios y el infinito.

La octava dimensión es de luz y colores, es movimiento y una vibración superior, en este espacio se habla de una unidad formada por amor total.

Hay maestros que no han tocado la dimensión respectiva, pero se dice que en la treceava (más adelante se hablará de la novena y décima dimensiones y del resto no se tiene registro) hay una fuerza muy cercana a Dios y al todo, donde hay un brillo del nacimiento del Universo.

Bien, ya que conoces esta teoría en la que creo y con la cual me identifico, podemos seguir adelante.

· Tipos de ángeles ·

Rescatistas. Son aquellos que se presentan en momentos críticos de la existencia, como un accidente grave u otros peligros de muerte. Conocen el camino de nuestras vidas y saben que no debes morir antes de tiempo, por ello son los rescatistas.

Liberadores. Son seres que nos ayudan a alejarnos de la maldad y de las personas agresivas, o de las energías negativas que pueda recibir tu cuerpo.

Protectores. Los protectores nos cuidan de energías mucho más elevadas, como brujos o hechiceros de la cuarta dimensión.

De la guarda. Son los protectores que vigilan nuestros sueños, sobre todo porque es el momento en que nos encontramos más vulnerables a cualquier peligro.

Milagrosos. Son aquellos que se presentan en momentos necesarios; mandan vibraciones positivas y envían señales para hacerte saber que se encuentran cerca de ti. Son milagrosos porque están más cerca de nosotros, y por lo tanto pueden manifestar su amor divino; con ellos es más fácil comunicarnos.

Vigilantes. Desde su dimensión observan que todo se encuentre en armonía y no exista desequilibrio en el mundo.

Cómo saber que están presentes en tu día a día

Vive estas experiencias constantemente y te prometo que se irán apareciendo en tus sueños; lo hicieron conmigo.

Sentirás sus alas al cerrar los ojos en alguna meditación, o al caminar cerca de un parque.

Si percibes un aire ligero que toca tu espalda o tus ojos, también son ellos haciéndote saber que están contigo.

Ver caer plumas de ave es un símbolo de su presencia, al igual que encontrar una moneda; hallar mariposas o palomas en lugares donde no debería de haber, o toparte con anuncios o imágenes de ángeles en la calle, en camisetas, carteleras, tiendas y demás, son formas de decirte que estás conectado con ellos, como ellos lo están contigo.

Créeme si te digo que estos sencillos ejercicios te abrirán la puerta de su mundo, pero no olvides que una cosa es creer en ellos, y otra creer y confiar en ellos; confía y no esperes que pase algo de una u otra forma, solo vive las experiencias.

• Fantasmas y espíritus •

Hablar de los espíritus o fantasmas es una cuestión distinta: estos son seres que en algún momento tuvieron un cuerpo; viven en otra realidad pero ya murieron. Déjame contarte cómo sucede este acontecimiento.

Todos hemos tenido miedo de ellos, pero más que nada, a terminar como ellos. Un principio básico es que los cuerpos tienen alma, la que habita dentro como una chispa de luz que guarda experiencias y energía a lo largo del tiempo; esa energía es la que permite que ocurra la liberación o separación entre el cuerpo y el alma en el momento de morir, o de dejar el cuerpo en esta tierra. Te lo voy a explicar de una forma más simple.

Constantemente vivimos experiencias, unas muy agradables y otras digamos que no tanto; cada una de ellas trae consigo emociones y percepciones que tú recibes, que tu cuerpo y alma reciben. Estas emociones pueden ser de frecuencia alta o baja; por ejemplo, si ahora cierras los ojos y te imaginas algo feo o terrible, simplemente una preocupación o un disgusto, ¿cómo sientes tu cuerpo? Pesado, tieso, contraído, tenso, etcétera; algo que le da a tu energía una negatividad que nos hace daño a la larga.

¿Pero qué pasa si cierras los ojos nuevamente y piensas en emociones agradables como el amor hacia alguien que quieres mucho, o meditas sobre la palabra *paz* y lo que puedan inspirarte esas letras? Sentirás cómo tu cuerpo se expande, se libera, se abre, se siente ligero.

Es así como las vibraciones energéticas causan un efecto real en nuestro cuerpo, en el día a día, y por lo mismo reaccionamos ante tales eventos.

Sin embargo, ¿qué ocurre cuando tenemos un accidente o un impacto fuerte? Con una pérdida, un duelo o algo muy difícil, el cuerpo se paraliza y la energía deja de fluir, todos tus músculos se contraen, tu cuello y tu pecho se hunden, tu quijada se endurece; así, cada parte de ti se paraliza y tu alma queda de alguna manera atrapada en el cuerpo.

¿A qué voy con todo esto?

Cuando tiene lugar un accidente, todo el cuerpo se paraliza del susto; si mueres en ese instante, a tu energía ya no le da tiempo para la liberación, y digamos que encierra a tu alma en un caparazón energético, creando un cuerpo astral; también las muertes trágicas o las personas que no dejan ir a sus seres amados causan esta contracción energética y la formación de estos cuerpos astrales, los que llamamos espíritus o fantasmas.

Algo que debemos comprender sobre estos seres es que no tienen conciencia de su estado, solo deambulan por el campo astral, que no tiene forma, tiempo o espacio; por eso un espíritu podría estar en tu casa y al mismo tiempo en la de tu amiga.

Cuando yo exploraba la mediumnidad, nuestro objetivo era mandarlos a la luz. Al inicio de mi trabajo con estos seres, cerraba los ojos, me comunicaba con ellos y al final les decía: «Ve a la luz». Sin embargo, una vez con una niña (un espíritu), al empezar a trabajar con ella y pedirle que fuera a la luz, enérgicamente me dijo: «¿Cuál luz? Aquí no veo ninguna luz». Entonces comprendí que eso de mandarlos a la luz es una falacia: la luz no es literal sino más bien metafórica.

Para los seres humanos esa luz es, como te comentaba antes, la energía que crean el amor, la paz, la ternura, el cariño, la ilusión, etcétera, y de esta forma es como me acerqué a ellos: cuando me encontraba con seres de baja densidad (fantasmas), les mandaba con mis manos amor, paz y todas las emociones que expandieran mi corazón, y así se creaba un efecto espectacular, pero sobre todo muy real. Lo que sucedía en el momento del contacto era que la energía que los contenía empezaba a difuminarse poco a poco, desapareciendo en el universo, hasta que su propia luz se expandía en su totalidad y así se liberaban.

Estos encuentros me llenaron mucho, pero también viví momentos de intenso miedo. Aquí te contaré una vivencia personal y después te diré cómo contactarlos para ayudarlos a ir a la luz, sobre todo a esos seres queridos que todavía sentimos cerca y no sabemos qué hacer por ellos.

Mi historia —después de que la leas es posible que sientas un poco de miedo— empieza así, no sin antes recomendarte que busques un lugar cómodo para relajarte con una cobija y un té, a fin de que la leas con intensidad. (☺)

Hace tiempo yo vivía en la zona de Santa Fe en la Ciudad de México, en un sitio algo apartado de la ciudad, un pueblo llamado San Mateo Tlaltenango. Este lugar nos lo había vendido un tío a mi hermana y a mí, era un terreno con dos casitas, muy bonito por cierto, ya que se encontraba en medio del bosque. Lo compartía con una amiga, y a pesar del tráfico que había para llegar a cualquier lado, vivíamos muy tranquilos.

Había un jardín, era todo verde con un árbol al fondo, plantado en un círculo de cemento algo grande que compartíamos con otras dos casas con las cuales colindaba el terreno. Mi cuarto —doble altura, vigas muy grandes y paredes pintadas de color café claro, alfombra color capuchino— se encontraba en el segundo piso, tenía vista hacia el jardín que les comentaba, y del otro lado, al final del empedrado, estaba la casa de mi hermana y la entrada del terreno.

Antes de dormir, siempre ponía música de relajación, prendía una velita y en cada ocasión su llama parecía brincar. Yo creía que efectivamente había energías negativas, pero que no me molestarían. Por las noches soplaba un viento tan fuerte que me despertaba; me levantaba y me dirigía a la ventana que daba al jardín porque el viento provenía de ese lado. Estaba cerrada y si me asomaba hacia afuera no se veía nada, pero yo sentía como miedo en todo mi ser.

Con el tiempo comprendí que no era tanto el viento lo que me molestaba sino cómo bajaba la temperatura en mi habitación. Los días pasaron, llevaba viviendo ahí alrededor de seis meses cuando una noche, mientras dormía, volví a sentir ese frío que congelaba mi cuarto. Tenía los ojos cerrados y sentía que esta vez era más intenso; me parecía estar dentro de un refrigerador, incluso podía percibir cómo salía vapor por mi boca.

La situación me parecía de lo más molesta; tenía varias cobijas encima pero aun así sentía frío. Cuando ya no me importó, me acomodé y me volví a dormir.

Soñé que me encontraba en el mismo jardín pero sin mi casa; solo se veía un pozo a un lado del árbol. Eché a caminar y encontré un establo, y un poco más lejos, una hacienda con algunas luces prendidas. En cierto momento comencé a escuchar un murmullo que venía del establo, y me acerqué hasta encontrar a dos chavos como de dieciséis años hablando muy bajo, por lo que no entendía lo que decían.

En ese momento entró un hombre con varias copas encima, en pocas palabras, muy borracho; llevaba una pistola y les gritaba que qué hacían allí, que quién les había dado permiso. Los tomó de las camisetas y se los llevó, diciendo: «A ver qué hace el patrón con ustedes». Los muchachos, con cara de asustados, se fueron con él. Mientras bajaban por aquel campo, uno de ellos se zafó de las manos del hombre y corrió lo más rápido que pudo. El tipo tomó su pistola y disparó; cuando una de esas balas le pegó al chico y cayó al suelo, su compañero solo gritó: «¡Juan!».

Sorprendido, el hombre corrió hacia él, junto con el amigo de Juan; se acercaron al cuerpo y este ya no se movía. El amigo empezó a llorar y el hombre solo dijo: «Ayúdame». Lo tomaron de los brazos y lo arrastraron hasta el pozo; el hombre cargó el cadáver del muchacho y lo arrojó dentro.

Cuando el cuerpo llegó hasta el fondo, me desperté muy espantado. Para mi sorpresa, al abrir los ojos vi a Juan en mi cuarto: mi perra ladraba mucho y yo, asustado, me escondí debajo de las cobijas. Después de un rato salí de ellas y él seguía ahí.

«¿Qué quieres de mí?», pregunté y no recibí respuesta. En ese momento llamé a mi amiga con todas mis fuerzas, para que me ayudara; cuando entró, lo primero que le pregunté fue si lo había visto y ella respondió que no, se acercó y me abrazó. De un momento a otro un silencio muy fuerte llenó la habitación: fue la primera vez que supe que el silencio tenía un sonido y no era tan agradable como yo pensaba. Esa noche tardé en volver a dormir.

A la noche siguiente me acosté y de inmediato empecé a soñar con Juan: solo veía su rostro, me pedía que lo ayudara, tenía miedo y quería ver a su mamá. De forma abrupta abrí los ojos, ya no tan asustado como la noche anterior, y me levanté pero él no estaba. Me dirigí a la ventana que daba al jardín y ahí lo vi, de pie y muy visible.

Esta vez decidí ayudarlo: abrí la ventana, me senté en el borde, cerré los ojos e hice mi ritual para iluminar a los seres que llevan dolor. Poco a poco, Juan se volvió una sombra hasta convertirse en una nube blanquecina y desaparecer; nunca más lo volví a ver.

Yo sé que muchos de ustedes han tenido experiencias similares o han visto sombras, escuchado cosas o sentido presencias. Lo primero que haremos, si queremos llevarles luz, es iluminarnos a nosotros mismos realizando la meditación de iluminación que se encuentra al principio del libro. Ya que lo hayas hecho, lo que te menciono a continuación es solo para aquellos seres que se presentan como Juan.

Primero prende una vela blanca. Cuando nuestros canales energéticos no se encuentran tan abiertos, necesitamos un conductor que estimule su activación: toma un poco de agua y espárcela por tu frente, manos y pies. Frota cada una de estas partes de tu cuerpo con los ojos cerrados mientras traes a tu mente momentos mágicos de tu vida: llénate de amor, de ilusiones y sueños, sonríe con todas tus fuerzas y espera a que esta energía se expanda por todo tu ser. Lo primero que debes hacer es llamar a tus ángeles y a tus seres de luz, para estar acompañado y que te ayuden en tu misión. Estas son las palabras para la invocación:

Ángeles y seres de luz,
quienes con su amor iluminan a esta alma perdida,
que sus palabras lo encaminen al paraíso infinito.

Ahora extiende tus manos hacia el fantasma o espíritu repitiendo tres veces, o las que sean necesarias, la siguiente frase, mencionando primero el nombre del espíritu si es que lo sabes, y si no, solo pronúnciala:

Soy luz que rodea tu cuerpo,
la que ilumina el camino hacia Dios,
para hacer tu alma eterna en lo eterno.

Poco a poco empezarás a percibir cómo la energía cambia en el lugar y la llama de la vela baja de intensidad; el ser pronto habrá logrado irse a la luz.

Enviar a la luz a un difunto

La mayoría de los seres humanos sufrimos la pérdida de algún ser querido que nos duele, y muchas veces, después de su muerte, lo sentimos perdido en la casa porque su alma no descansa. Algunas personas me preguntan: «¿Qué hago para que se vaya a la luz?». Recuerden que el objetivo no es que se dirijan a la luz, sino que sean luz.

Primero prende tu vela blanca, mójate la frente, manos y pies; con los ojos cerrados frota tus manos y, al igual que el ejercicio anterior, visualiza momentos mágicos, sueños, etcétera; todo esto se va transformando en luz que tu cuerpo recoge. Cuando sientas esa experiencia, llama a tu ser querido por su nombre diciendo estas palabras:

(Nombra a tu ser querido), *grandes momentos vivimos juntos,*
reímos y hemos sido muy felices.
Hoy llénate de todos esos grandes momentos y brilla como
siempre lo hiciste.
Te amo, dejándote libre de todo tu dolor, esperando que desde
el infinito me guíes y me aconsejes.
No te preocupes por nosotros, que estaremos bien; pronto
volveremos a encontrarnos.

Ahora invoca a tus ángeles diciendo las siguientes palabras:

Ángeles y seres de luz, con su amor iluminen a (di el nombre del difunto), *hablándole del paraíso infinito.*

Repítelo tres veces.

Ahora repetirás las veces que sean necesarias nuestras palabras mágicas, que son:

Soy luz que rodea tu cuerpo,
la que ilumina el camino hacia Dios,
para hacer tu alma eterna en lo eterno.

Es muy probable que sientas la necesidad de llorar; trata de hacerlo después del ritual, para que no baje tu frecuencia energética.

Los espíritus tienen una vibración baja que puedes percibir como dolor, tristeza, angustia, miedo e ira. No están conscientes de sentirse de una forma u otra, solo viven así. No hay conciencia; para que lo entiendas mejor, imagina un dolor de cabeza. A ti te duele la cabeza porque tienes conciencia de ello, pero el dolor por sí mismo no sabe que duele, solo es un dolor. Lo mismo pasa con los espíritus, así es que no nos quieren hacer daño, simplemente deambulan así.

¿Qué pasa cuando se encienden los objetos, se oyen pasos o se abren puertas? Si te das cuenta, cuando estás triste o enojado te sientes pesado, ¿cierto? Nuestra densidad energética se vuelve pesada y puede afectar la de los objetos, que es menor, y por eso se mueven. Si a esto le agregamos que no somos los únicos seres con una densidad similar deambulando por el mismo espacio, sino que también hay más espíritus, el más fuerte atraerá a los más débiles y con ello se hará más poderoso, incrementando su densidad energética y haciéndolos visibles a todos con cuerpo y rostro. Es por eso que en lugares de accidentes o donde ocurrieron varias muertes es más fácil encontrarlos, por ejemplo en las carreteras o cementerios.

Alejarlos o expulsarlos de tu casa o cualquier espacio

Sé que llega a ser muy incómodo tener en tu casa a un ser que tira cosas, hace ruidos o causa efectos en tu estado de ánimo, como enojo, cansancio, dolor de cabeza, etcétera, y la verdad no todos acceden a ir a la luz; puede ser por miedo o simplemente porque no quieren.

Aquí te ofrezco varios consejos que puedes practicar para alejar a los espíritus sin tener que hacer el ritual de la luz.

Poner cocos. El coco contiene un poder purificador que, cuando los colocas en las esquinas de algún espacio, siempre trae excelentes resultados, ya que no dejan entrar energías bajas o seres negativos.

Incienso. El incienso es el humo más espeso que existe y si cerramos la casa, ventanas, puertas, todo cerrado, y la llenamos de humo de incienso con aroma a sándalo o copal, este se llevará todas las energías negativas.

Mesa con vinagre. Donde sientas que el espíritu se aparece, pon una mesa, tabla o mesita de madera; vierte sobre ella agua con vinagre y límpiala completamente con un trapo. Luego toma un espejo redondo y colócalo al centro de la mesa, haz un círculo de sal de mar alrededor de él y echa tres pizcas en el espejo. Para terminar, coloca tres velas trazando un triángulo fuera del círculo de sal; pon una pizca de sal sobre cada vela y enciéndelas. Déjalo así hasta que se consuman: entonces limpia tu mesa, envuelve el espejo con una tela roja y tira la sal en el desagüe. Hay personas que después de esto utilizan el espejo para hacer magia negra, ya que puedes atrapar al espíritu en él y lograr que te obedezca, pero eso es otra cosa.

Sal en las esquinas. Como sabrás, en el mundo espiritual la sal es un elemento fundamental, sobre todo porque realinea las nuevas energías y actúa como conductor de la energía etérica. Aquí lo que haremos es poner sal de grano en un tazón, y esparcir tres pizcas en cada esquina de la habitación; muévete en el sentido de las manecillas del reloj. Regresa, tira un poco más de sal y repite estas palabras en cada esquina:

Sal sagrada de tierra y mar,
despeja esta habitación para ser libres de todo mal.

La ruda. Otro consejo es poner en una maceta una planta de ruda y dejarla en la entrada de la casa; esta es muy sensible para percibir energías negativas y por lo tanto no permite que entre nada semejante a tu espacio.

Aprovecho este espacio para decirte también cómo limpiarte de energías negativas o en esos momentos en que sientes que alguien está haciéndote alguna brujería o, como decimos regularmente, un «trabajo».

Primero debemos entender que hacer magia negra no es tan sencillo, por lo mismo, no siempre que vivimos una mala experiencia significa que nos están haciendo daño. Muchas veces la brujería más fuerte es la que nos hacemos a nosotros mismos con pensamientos negativos o cuando dudamos de nuestras capacidades; sin embargo, existe la magia negra y por ello les digo esto:

Tina con vinagre. Llena una tina con agua tibia o caliente, y vierte en ella dos botellas de vinagre de manzana; ya que lo hayas hecho, métete en la tina y cierra los ojos. Imagina cómo tu cuerpo se libera de toda esa suciedad o todo lo malo que siente, y solo queda bienestar. Cuando salgas de la tina, después de estar cinco o diez minutos en ella, vacíala y observa si existe alguna forma o mancha que haya dejado el vinagre de manzana: si es una mancha o círculo completo, entonces nadie intentó afectarte. Si aparecen varias burbujas o se forman distintas manchas, es probable que alguien te haya querido hacer un daño. Lo increíble de esta limpieza es que la tina se queda con toda esa suciedad y purifica tu cuerpo.

La envidia. Si sientes que hay envidia a tu alrededor, realiza el siguiente ritual para liberarte de ella. Coloca una fotografía tuya, preferentemente de cuerpo entero, sobre una superficie plana y limpia. Rodéala con un círculo de sal gruesa, déjala así por espacio de una semana y diariamente agrega una pizca de sal al círculo; mientras lo haces, concéntrate en la idea de alejar de ti la envidia. Al cabo de un tiempo tira la sal a un desagüe y guarda la fotografía en la mesita de tu recámara.

Vaso con agua. Durante tres días, pon en un vaso con agua unos cuantos granos de sal gruesa y déjalo en la mesita de tu recámara, cambiándolo a diario. En paralelo, debajo de tu cama traza una cruz con sal gruesa; cuando hayan transcurrido los tres días, limpia la sal y tírala a la basura.

La botella. Busca una pequeña botella de vidrio transparente e introduce en ella tres alfileres, tres pedacitos de raíz de ruda macho, un puñado de sal gruesa, y en seguida la cáscara de medio limón. Tapa la botella con un tapón de corcho y colócala en una ventana, sin tocarla o cambiarla de lugar; esto evitará que entren malas energías.

Listón rojo. Esto es algo que yo hago en mi vida constantemente: usar un listón rojo en la muñeca izquierda (también en la cintura, debajo de la ropa, da buenos resultados). Lo que se consigue es no permitir que lo negativo entre en tu cuerpo etérico y físico, manteniéndote protegido de todo lo que se encuentra en el mundo exterior.

¿De qué están hechos los fantasmas? Una creencia común establece que están formados de energía. Una teoría muy popular es que se componen de energía electromagnética natural; sí, la misma que forma parte de nuestro cuerpo físico mientras vivimos y respiramos. Cuando morimos, es nuestra masa física la que muere: es solo una cubierta externa que contiene la energía.

Los fantasmas están constituidos también de campos electromagnéticos

Un científico, Duncan McDougall, intentó probar que el alma humana consistía en realidad en una especie de masa. Realizó un experimento con cinco pacientes terminales, los pesó antes y después de su muerte, y descubrió que sus cuerpos en realidad habían perdido veintiún gramos al morir. Esto nos dice que hay más en el alma que solo los campos electromagnéticos, ¿pero qué es, exactamente?

Nuestro cerebro funciona con sesenta hertzios de pulsaciones eléctricas reguladas por el corazón, y el impulso eléctrico que se genera es equivalente a una corriente constante de doce vatios de electricidad, ¡suficiente para alimentar una linterna!

El doctor Janusz Slawinski, un físico polaco, ha propuesto que esta corriente eléctrica dentro del cuerpo aumenta de forma geométrica, exponencialmente, con cargas de más de mil veces la tasa normal cuando el ADN se va desgastando; lo que esto significa es que es posible que durante un breve periodo después de la muerte, el cuerpo en descomposición esté en condiciones de producir cerca de doce mil vatios de electricidad. Slawinski comentó que, cuando muere, un organismo emite lo que él llama un «grito de luz», una explosión de bioelectricidad que es mil veces mayor que en el estado de reposo normal, con el cuerpo vivo.

Primero lo primero: la primera ley de la termodinámica

La energía bioeléctrica liberada del cuerpo humano en el momento de la muerte, según Slawinski, está sujeta a las mismas leyes de la física que todos los otros tipos de energía electromagnética, entre ellas la ley de la termodinámica, la cual establece que la energía en cualquiera de sus formas es infinita pero no necesariamente cíclica. Esto significa que, sin importar la forma que tome, siempre mantendrá su masa, su gravedad específica, y será infinita en la naturaleza, es decir, no puede ser destruida, solo cambia de una forma a otra; así, cuando el cuerpo físico muere, la energía que lo animaba se libera en el medio ambiente. También se cree que esta energía todavía conserva los rasgos de la personalidad del individuo; por lo tanto, después de la muerte lo único que cambia es que el espíritu es libre.

La energía no se crea ni se destruye, solo se transforma de una forma o estado a otro con un cierto porcentaje pequeño que se pierde, como la energía térmica. Esto significaría que, en cierto sentido, los sesenta hertzios de impulsos bioeléctricos de tu corazón no pueden ser destruidos, solo se transforman. Con esta respuesta, ahora tenemos otra pregunta: ¿qué pasa con esta carga bioeléctrica que se libera cuando morimos? ¿Vamos todos a ser fantasmas?

Aunque el campo bioeléctrico normal en el cuerpo, ahora multiplicado de manera exponencial, puede transformarse a partir de la configuración existencial, debido a la falta de un cuerpo físico no todo el mundo se convierte en un fantasma. La segunda ley de la termodinámica establece que «la energía se dispersa de una fuente central y se irradia hacia afuera desde dicho origen hasta que recibe la acción de otra fuerza»; sin embargo, por alguna razón, a veces durante esta dispersión se elude esta ley y la energía no se irradia de nuevo en el medio ambiente después de la muerte sino que se coagula en el ámbito local hasta que cobra conciencia de sí misma una vez más y de ahí se convierte en un fantasma.

Al hablar de estos temas puede surgir el concepto de *portales*: se trata de aperturas o puertas de entrada a otras dimensiones donde fantasmas, espíritus y demonios pueden existir al mismo tiempo, tales como casas, cementerios o campos de batalla.

Los diferentes tipos de fantasmas

El fenómeno fantasmal entero (inquietante) se clasifica en tres tipos:

1. Tipo humano: en estas manifestaciones la entidad o entidades encontradas parecen poseer personalidad y emociones, es posible que en ocasiones aparezcan en forma humana, pero también como nieblas o bolas de energía y son sensibles a los cambios en las condiciones externas.

2. Tipo residual o *psico onda*: una escena del pasado, como una muerte violenta, parece repetirse una y otra vez. En apariencia se trata de una forma real de desplazamiento en el tiempo a un antiguo escenario ocurrido en un lugar determinado.

Más simplificado, es cuando encuentras a un fantasma que pasa por las mismas áreas de una casa o lugar; ello se debe a que esta *psico onda* los hace repetir la escena antes de que murieran. Por ejemplo, si una persona atentó contra su propia vida en algún lugar de su casa, el fantasma repetirá la escena varias veces hasta que su energía logre desprenderse, y en una fecha cercana a la de su suicidio esta será más fuerte y se podrá ver físicamente su imagen.

3. Tipo demoniaco o inhumano: esta categoría es sin duda la más temida. Esto entra en el ámbito de lo inquietante, pertenece a otra dimensión y es a menudo bastante hostil en la naturaleza. Cualquier persona que haya observado a una entidad demoniaca en acción nunca quiere repetir la experiencia. A menudo poseen una forma de inteligencia (en un principio similar o de tipo «humano»), ya que pueden aparecer y acercarse a la persona de forma amenazante.

Los fantasmas se pueden dividir en dos tipos: los que son inofensivos y los que no lo son tanto y actúan como duendes.

Apariciones

Los parapsicólogos e investigadores paranormales han estudiado a fondo las apariciones: estas son formas humanas transparentes que normalmente se ven desfiguradas, débiles e incompletas, algunas incluso podría parecer que ocupan los trajes usados durante el periodo de tiempo en que vivieron. Se trata de espíritus interactivos que se manifiestan de muchas maneras, algunos son muy realistas en sus movimientos y miradas, otros pueden ser transparentes y difusos, otros más pueden ser aún menos realistas y aparecen como formas de luz; se pueden visualizar muy de repente y luego desaparecen de la misma manera. Las personas que han sido testigos de una aparición llegan a tratar de tocarla, y en ciertos casos quien ha sido capaz de intentarlo las ha sentido, percibiendo una sustancia similar a una endeble tela delgada.

Hay más de un tipo de apariciones; otros fenómenos fantasmales se dividen de acuerdo a su forma de manifestación. Aquí está una lista de algunos de ellos.

Apariciones de los muertos. Son familiares difuntos y aparecen con el fin de dar información a sus seres queridos sobre asuntos pendientes o sin terminar que sienten que deben ser atendidos.

Apariciones en el lecho de muerte. Una aparición que le sucede a una persona moribunda, muy cerca de la hora de su muerte, puede ser de parientes muertos, ángeles o figuras bíblicas.

Orbes. Son fantasmas en forma de bolas de luz, estas son las anomalías más comúnmente capturadas con una cámara fotográfica. Por lo general se ven como bolas transparentes o translúcidas de luz. Existe la teoría de que los fantasmas prefieren la forma de un orbe (esfera de luz) porque se necesita menos energía para formar una bola de luz para vivir dentro, sin embargo los seres humanos también las generamos. Como en nosotros habita la energía, en momentos de liberación emocional positiva o negativa desprendemos estas esferas de luz (las bodas son lugares comunes donde se fotografían estas esferas).

Serpentinas. Es un rastro de luz blanquecina que generan los orbes cuando se desplazan; no son visibles a simple vista, pero por lo general las fotos las capturan. Pueden ser vistas en diferentes colores: azul claro, púrpura, etcétera.

Ectoplasma/Ecto Mist. Por lo general aparece como una niebla o algo semejante, a veces como largos remolinos de color blanco o gris con columnas gruesas emergentes desde dentro que ejecutan movimientos en varias direcciones; el ectoplasma real cuenta con un patrón de luz que se mueve en su interior de una manera peculiar. Se suele decir que un fantasma toma la forma de niebla antes de mostrarse como una aparición. Estas manifestaciones son captadas en ocasiones con cámaras fotográficas o de video, pero son mucho más raras.

Vórtex. Tiene aspecto de un embudo de ectoplasma y no es diferente de la niebla excepto en la forma.

Fantasmas residuales. Estas apariciones no son fantasmas terrenales sino visiones de acontecimientos que tuvieron lugar en el pasado. Esta forma de aparición no es consciente de su entorno y de sí misma: es un interminable bucle de la misma escena que reproduce una y otra vez algo que pasó. Esto se conoce como una huella, y es causada por un acontecimiento muy dramático y emocional que se vuelve parte de esa ubicación; podría ser cualquier cosa, desde la regeneración de un acontecimiento doloroso con pasos arriba y abajo de un pasillo, la risa de un niño muerto que jugó allí alguna vez o un soldado que se puede ver a través de una ventana.

Poltergeist. Es un espíritu no humano y suele ser más dañino y destructivo que los fantasmas de seres humanos muertos. Es el más temido por la gente, ya que tiene la capacidad de afectar nuestra vida física.

Diferentes etapas/niveles de actividad de un poltergeist

Etapa 1: Conocida como «ataque sentido», porque en las primeras etapas de un *poltergeist* la actividad se centra principalmente en los sentidos básicos del cuerpo humano:

- Puntos fríos en la casa
- Ruidos extraños
- Olores desagradables o inusuales
- Pasos
- Actividad poco común de los animales, tales como perros y gatos que van a las habitaciones, etcétera
- Sensación de ser observado

Etapa 2: Es cuando los ruidos y los olores comienzan a convertirse en algo más directo. Todo sigue en su nivel más básico, pero con mayor intensidad.

- Susurros, voces poco claras o risas
- Gemidos o gritos
- Sombras en movimiento
- Brisa en áreas cerradas
- Nubes visibles
- Electricidad estática fuerte
- Marcas en los pisos o paredes (no escritos)

Etapa 3: En esta etapa el *poltergeist* comienza a hacerse presente. La diferencia es que en los dos primeros niveles se podía decir que era la mente jugándonos una pasada, pero ahora es difícil no darse cuenta de que algo real está sucediendo. Este es el nivel inquietante clásico que involucra:

- Las luces y aparatos eléctricos de encendido y apagado
- Unas manos invisibles que tocan a la gente
- Escritos o marcas en las paredes
- Las puertas se abren y cierran
- Se escuchan voces o palabras con claridad
- Apariciones completas o figuras oscuras
- Mostrar intención de comunicarse con las personas vivas

Etapa 4: Aquí es donde un *poltergeist* avanzado comienza a cobrar impulso al acercarse al nivel de peligro y tener una conciencia más clara.

- Se ven volar objetos
- Algunos objetos desaparecen y reaparecen en otro lugar
- Se azotan los muebles
- Empujan o sacuden a las personas
- Ventanas o espejos u otros objetos de la casa se rompen sin motivo
- Levitación

Etapa 5: En este nivel el *poltergeist* está en su punto más alto de energía y debe ser considerado peligroso, no porque quiera hacer daño a la gente, tan solo porque tiene una gran cantidad de energía y podría lastimar a alguien con ella (ya sea a propósito o por accidente). El marco de tiempo aquí y para todas las etapas enumeradas variará dependiendo del *poltergeist*: podría terminar en días, meses o años, después se mantiene por lo general en estado latente y luego comienza el ciclo de nuevo. La actividad peligrosa consiste en:

• Mordidas, golpes o perforaciones
• Animación de objetos
• Activación de electrodomésticos
• Jalones de pelo
• Los objetos pesados se caen

Los efectos de la angustia ocasionada por fantasmas, demonios o energías negativas son variados, algo característico es el comportamiento errático o violento, las adicciones, diversas enfermedades físicas y psicológicas, problemas familiares, problemas de negocios, etcétera.

• Dimensiones •

Existen varias dimensiones en las que habitamos diferentes tipos de seres, incluidos los seres humanos. Cuando en 2012 entramos a una dimensión con una frecuencia vibracional más elevada, nuestros cuerpos empezaron a sufrir alteraciones positivas, como ser más sensibles y perceptivos respecto del entorno; más psíquicos, despertando con ello el sexto sentido en nuestra mente; más ligeros corporalmente, etcétera. Para conocer un poco más de lo ya dicho sobre las dimensiones y los seres que las conforman, primero diremos que son «Ambitos de conciencia delimitados por la gama de frecuencia vibratoria y la naturaleza de sus formas o su ausencia de formas», en palabras de Amorah Quan Yin, que escribió el *Manual de los ejercicios pleyadianos*.

Ahora te explico más acerca de las dimensiones:

Primera dimensión
En esta se encuentran todos los minerales, los cristales, todos los elementos tierra que, a pesar de su fuerza y energía, no tienen una conciencia; pero lo interesante es que su fuerza puede ser activada por una energía consciente, es por ello que

muchas personas utilizan los cristales para su beneficio, como por ejemplo, los cuarzos.

Segunda dimensión

Aquí encontramos las plantas, los árboles, flores y seres de vibración baja.

Como no tienen un alma ni una conciencia, las energías que habitan en este espacio se ven como seres únicos en el universo, digamos que una rosa vibra como si solo existiera ella en el mundo.

Tercera dimensión

Es en la que habitamos los humanos y animales con diferentes tipos de conciencia, donde sabemos que somos parte de una comunidad, de un grupo, por ello vemos peces que nadan juntos o aves que vuelan con una separación mínima entre sí, formando filas.

Así mismo habitan seres con una vibración alta como los budistas o los maestros ascendidos (Jesús, Buda, etc.); pero también seres con frecuencias bajas, como personas que se comen unas a otras.

Aquí hay tiempo y espacio, por lo tanto hay pasado, presente y futuro.

Cuarta dimensión

En esta vibración lo que domina son las emociones, toda la información la percibimos desde la sensibilidad, el cuerpo va perdiendo materia y el alma entra a un proceso de luz u oscuridad, nos podemos regir por el camino de los ángeles y guías espirituales o seres oscuros, que nos encauzan por medio del miedo, angustia, dolor.

Quinta dimensión

Aquí se encuentran los maestros ascendidos y también es el lugar de todos aquellos quienes habitaron la Tierra y llegan a esta frecuencia: un espacio de fuerzas todavía luminosas y oscuras.

La manera de comunicarnos con maestros o ángeles guardianes que habitan aquí es por medio de nuestros sueños, ellos nos cuidan y por estar cerca de la tercera dimensión perciben lo que sentimos. Cuando un familiar muere igualmente se encuentra en esta dimensión, ya que está en el proceso de tomar una nueva vida o de seguir el transcurso de la ascensión.

Sexta dimensión

En este espacio ya se está más cercano a la luz universal, por lo tanto dejan de existir las sombras y energías oscuras. Se encuentran arcángeles y seres de una luz vibratoria muy elevada, ellos se encargan del equilibrio y del balance de todos los seres con alma y es donde se va formando la unidad con el todo.

Séptima dimensión

Es curiosa esta dimensión porque se forma del sonido: cada experiencia, cada momento, tiempo y espacio se unifican transformados en ¡sonido!, creando así el flujo universal.

Siempre les digo a mis alumnos que nuestra palabra es muy valiosa ya que el sonido de cada una es recibida por esta dimensión, que a su vez se conecta con la sincronicidad de todo objetivo.

Octava dimensión

La conciencia se hace una, todos los seres se fusionan unos con otros, tanto, que si nosotros pudiéramos ver, se verían colores y sonidos. El amor y la plenitud son lo que mueve este espacio, existe un todo dentro de cada uno y cada uno es parte del todo. Es extraño entenderlo pero es un estado bellísimo.

Novena dimensión

Pocos seres han podido lograr percibir algo de esta dimensión ya que aquí habita la supra alma de todo lo existente, aquí cualquier cuerpo podría vaporizarse porque es imposible que la materia habite aquí.

Hay una conexión con las órdenes y leyes universales, cada vez más encuentras una cercanía con el dios, ni siquiera los ángeles tocan esta frecuencia.

A partir de este momento existen más dimensiones de difícil acceso para que el hombre, ya que ni siquiera el alma puede entrar, tendría que ascender por todas las dimensiones anteriores para pertenecer a las siguientes vibraciones.

La idea central de todo esto es darnos cuenta de que la tercera dimensión no es lo único que existe y que cada trabajo que realicemos o proceso que tengamos en la vida afectará de diferente forma a cada dimensión.

• Tipos de espíritus •

Conociendo un poco más sobre los seres que conforman las dimensiones, nos podemos dar cuenta de que existen varios tipos de frecuencias, y por lo mismo de espíritus. En esta sección hablaré un poco sobre ellos, para saber identificar con qué tipo de seres estamos tratando.

Espíritus. Son personas fallecidas que por su dolor, enojo y tristeza, se encuentran en medio de dimensiones y por su baja vibración no pueden subir a una cuarta o quinta dimensión ni tampoco recuperar su cuerpo, por lo que deambulan en un espacio adimensional cercano a nuestra tercera dimensión. Se encuentran en cualquier espacio y pueden estar en varios lugares al mismo tiempo.

Su manifestación depende de su energía, si son muy agresivos o varios espíritus se fusionaron con el más fuerte, pueden mover cosas, encender aparatos electrónicos o hacer ruidos en el lugar.

Espíritus del inframundo. Seres que podemos invocar con instrumentos como la güija (tablero dotado de letras, números, un «sí», un «no» y una tablilla triangular, con el que es posible entablar contacto con estos espíritus). Ellos solo llegan a ti invocándolos, y podrían entrar a tu cuerpo en forma de mediumnidad, no dejándote dormir o asustándote, pero en realidad no causan mucho daño porque no tienen conocimiento ni conciencia de hacer algo.

Espíritus naturales. A estos seres los podemos encontrar en bosques, mares, desiertos y selvas; son muy agresivos y pueden manifestarse en su viva imagen. Pueden tener cola o partes de animal y cabeza humana, pelo en el cuerpo, orejas grandes, colores rojizos o verdes (sí, no son nada agradables).

Espíritus oscuros. Son maestros ascendidos del mundo oscuro, hechiceros, brujos, devotos de la oscuridad; puede invocárseles por medio de fuerzas mayores como misas negras, invocaciones con libros de brujería y sacrificios. Llegan a aparecerse en tus sueños, prometen darte poder y lo pueden hacer, solo que a un costo muy alto.

Son extremadamente fuertes y debemos tener cuidado con ellos, ya que podrían incluso robarse tu alma.

Trolls, ogros, goblins, hadas oscuras, arpías, dragones. Aunque a muchos de ellos solo los conozcamos por narraciones mitológicas, son seres que han sido vistos en los pueblos o lugares de México como Peña de Lobos y en otros sitios del mundo. Aparentemente hacen daño, en lo personal no me ha tocado ver a alguno de estos seres oscuros, pero no dudo de su existencia.

Se encuentran en lugares naturales, al igual que los elementales (los elementales son aliados del reino natural que corresponden a los cuatro elementos), pero tienen una frecuencia más elevada que estos y por ello podrían hacer daño.

Espero que hayas disfrutado la lectura de esta sección y ahora sepas que en este mundo estamos acompañados, cuidados, protegidos u observados, pero depende de ti en qué parte de la energía y del espíritu quieres vivir.

Recuerda siempre respirar profundo, exhalar y todo estará bien.

SUEÑOS

Hablar de los sueños es hablar de uno mismo. Se requiere de tiempo y paciencia para aprender a comprenderlos, sin embargo, conocer tus sueños te abre un mundo de posibilidades con los más grandes secretos.

El objetivo de mis libros ha sido mostrarte herramientas para descubrirte a profundidad y que tengas así una mayor conciencia de quién eres y cómo vives; los sueños no son la excepción.

Recuerdo un sueño, antes de empezar a escribir mi primer libro, en el cual me encontraba en un jardín. Para mí los jardines significan seguridad y vida, y en este sueño en particular sentía el calor de los rayos del sol que acariciaban mi rostro; esa sensación me daba una paz completa. De pronto, la ropa que llevaba puesta se movía como si dentro de ella se encontraran miles de insectos; al percibir esto, lo primero que experimenté fue miedo e incertidumbre, pero permití que tal acontecimiento me envolviera, y de un instante a otro vi cómo miles de mariposas doradas salían de mis mangas, mis brazos, mis pies y mi boca. Fue algo increíble, pero como se dice que un sueño no comprendido es como una carta no leída, busqué el modo de llegar a su significado original; si no lo hubiera comprendido, probablemente no les estaría contando esta anécdota y no hubiera escrito ni siquiera mi primer libro.

Si observamos el simbolismo del sueño, yo iba por buen camino (el jardín), me sentía satisfecho con mi vida y mis logros (el sol y sus rayos de luz). Sin embargo, mi vida necesitaba dar un giro, un cambio o transformación (las mariposas), con los que pudiera expresar mis conocimientos o sabiduría (el color dorado) por medio de mis manos y mi boca, tal como brotaron las mariposas.

La verdad es que en esa época me encontraba algo confundido respecto a mi vida profesional, ya que no sabía si escribir un libro o continuar con un bajo perfil, haciendo lo que hasta entonces venía realizando. Este sueño me hizo sentar cabeza y me otorgó la claridad necesaria para dar el siguiente paso: escribir, hasta lograr tener al día de hoy tres libros publicados.

Entender los sueños no requiere de tanta ciencia como creemos; solamente hay que reconocer algunos ejercicios y llevarlos a la práctica. Eso es lo que haremos en esta sección y así, una vez que la hayas dominado, serás una autoridad en el mundo de los sueños.

Vamos a hacer una práctica para ver cómo funcionan los sueños en nuestro inconsciente; lo único que vas a hacer en este ejercicio psicológico es describir lo que llegue a tu mente y escribirlo en una hoja.

Primero sugiero que te relajes, busca un lugar tranquilo donde nadie te interrumpa.

Ahora quiero que imagines que te encuentras llegando a un bosque con alguien importante para ti, ¿quién es? ¿Cómo es este bosque? Háblame de sus árboles, de la hora del día, de tus sensaciones, del aroma, pero sobre todo describe cómo te sientes en ese lugar.

Esta persona se despide de ti y ahora caminas por el bosque a solas, ¿cuál fue tu sensación de emprender el camino por tu cuenta?

Ahora quiero que camines por aquel bosque, ¿hay algún camino hecho o lo tienes que hacer tú?

Andando por el bosque encuentras un espejo mágico y miras tu reflejo, ¿cómo te ves? Entonces lo volteas y tiene otro reflejo, ¿cómo te ves de ese otro lado del espejo?

Deja el espejo y sigue caminando hasta encontrarte con un animal, ¿cuál es? ¿Es más grande o más chico que tú? ¿Es amable o feroz? Cuéntame todas tus percepciones del animal. De pronto se te acerca, ¿tú que haces?

Dejando atrás al animal, sigues por el camino y te topas con una llave tirada, ¿la tomas o la dejas? Obsérvala, ¿cómo es?, ¿te gusta o no? Describe tu sentir lo más que puedas.

Sigue caminando, a la orilla de un árbol te acercas y ves una taza, ¿cómo es?, ¿qué sientes al verla?, ¿te la llevas o la dejas?

Prosigue tu camino hasta toparte con una mesa que tiene un pastel, ¿qué haces y cómo te sientes? ¿Cuál es la descripción del pastel?

Al seguir caminando llegas a un lago, ¿qué haces? ¿Lo tocas? ¿Te metes? ¿Le das la vuelta? ¿Tomas un poco de agua? ¿Está fría, templada, caliente? Dame todas las descripciones posibles.

Al cruzarlo, del otro lado hay un mapa, ¿cómo es este mapa? ¿Es fácil o difícil de descifrar?, ¿con pocos o muchos caminos? ¿Tiene flechas, cruces, dibujos? ¿Lo entiendes? ¿Lo tomas o lo dejas? ¿Cuál es tu sensación acerca del mapa?

Al dejar atrás el lago, ves a lo lejos una cabaña y a un viejito sentado, ¿te acercas? ¿Qué te inspira el viejito? ¿Cómo crees que sea su personalidad? ¿Hablas con él? ¿Te sigues de frente sin detenerte? Describe todo lo más que puedas.

Sigue caminando, ahora observas unas rejas, ¿cómo son? ¿Qué representan para ti? Al asomarte, ¿ves algo? ¿Qué es?

Ya terminamos con el ejercicio, ahora vamos a descifrarlo, ¿estás listo?

- La persona que llega contigo al bosque es la persona más importante para ti en este momento, o bien te representa alguna seguridad.
- La sensación de caminar habla de la dependencia o independencia que tenemos respecto a las personas, y lo seguros que nos podemos sentir estando solos.
- El bosque representa tu vida general, ¿cómo la ves? Si es de noche, estás confundido y no sabes qué hacer o adónde ir. Si es de día es que tu vida tiene claridad. Si hay luz en algunos lugares y en otros oscuridad por la sombra de los

árboles, es porque existen ciertas áreas de tu existencia que te preocupan y no sabes cómo resolverlas.

- Los árboles representan tu espiritualidad y tu misión en la vida. Si son muy grandes y altos, en tu percepción sientes que tienes un largo camino por recorrer y mucho trabajo por hacer para cumplir con tus expectativas vitales; si son cortos, entonces sientes que no has encontrado tu misión de vida todavía. Si son pocos y dispersos, sabes que la vida no es tan compleja y que se puede resolver fácilmente.
- El camino habla de tu futuro y la claridad se refiere a cómo lo ves: si está hecho, tienes claro lo que sigue en tu vida; si no hay camino, entonces hay mucha confusión y te sientes perdido.
- El espejo mágico contiene tu reflejo, el cual representa cómo te percibes, y cuando lo volteas es como los demás te ven. Tu belleza o fealdad es tu apreciación física, ya sea propia o de lo que crees que perciben los demás sobre ti. Si te ves mujer u hombre, tiene que ver con la percepción de tu esencia, más femenina o masculina. Verte feliz o triste habla de la percepción que tienes de tu estado emocional. Si te miras mayor o más joven, esto refleja tu grado de madurez, es decir, si te percibes más infantil o más maduro. Si ves a otra persona es porque todavía no sabes quién eres y desconfías de ti mismo o de tus acciones, y si esto ocurre en el reverso del espejo es porque la gente aún no sabe quién eres.
- El animal nos habla de los problemas y cómo los resolvemos. Si era un animal feroz o más grande que tú, es que percibes que tus problemas tienen algo que enseñarte y no temes enfrentarlos; cuando este se acerca y tú corres, simboliza que huyes de las dificultades; por el contrario, si lo enfrentas, es que atiendes los retos que van llegando a tu vida.
- La llave representa tus éxitos. Si la ves nueva y brillante es porque te consideras exitoso en lo que haces; si es vieja,

probablemente te sentiste exitoso en el pasado pero no ahora. Cuando la reconoces como alguna de las tuyas, te habla de que tu éxito se encuentra en lo que se relaciona con esa llave, por ejemplo, si es de tu casa se refiere a tu familia, si es de tu coche simboliza tus posesiones materiales; de tu oficina, se refiere a tu trabajo, etcétera.

- La taza es la que nos dice cómo tomas las oportunidades en la vida. Si brilla o está nueva o completa, habla de entusiasmo; si está rota, sucia o vieja nos indica que hay apatía, desconcierto o desidia.

- El pastel nos habla de tus deseos. Si lo pruebas es que eres una persona más libre y no tan reprimida como si no lo comieras o lo vieras podrido. Si piensas que el pastel es de alguien más, entonces tus deseos dependen de alguien en particular, por lo que debes analizar quién tiene esa importancia para ti.

- El lago es la energía sexual y el sexo. Si te metes a nadar, consideras que tienes una vida sexual plena, pero si le das la vuelta es probable que tengas ciertas inseguridades con el sexo. Si pruebas el agua, nos dice que te gusta explorar pero no involucrarte. Si está fría y sin embargo te metes, quiere decir que el sexo te incomoda en algún aspecto pero aun así lo vives; si es caliente o templada, sientes que el sexo en tu vida es sano y fundamental.

- El mapa habla de tu forma de tomar decisiones. Si son muchos caminos, te cuesta trabajo hacer una elección porque siempre tienes miles de opciones. Si tiene flechas, te dejas llevar fácilmente por lo que dicen los demás, eres influenciable. Si tiene una cruz, sabes dirigirte claramente a tu propósito. Si no hay tantos caminos, eres directo, sin darle tantas vueltas a las cosas.

- El viejito representa a Dios o la divinidad. Si te acercas a él, si confías en él, si te da paz o inseguridad, refleja cómo está tu fe.

- La reja nos habla de los obstáculos para lograr tus sueños.

Si la ves muy alta, con picos, y sientes que son muy grandes los picos, significa que las contrariedades te dejan muy lastimado emocionalmente. Si la reja es corta y fácil de cruzar o brincar, entonces las dificultades no son imposibles de vencer.

- Lo que se encuentra atrás de la reja se refiere a tus sueños por realizar y lo que representan para ti. Puede ser una casa, que representa la familia, o bien algo de tu oficina que tiene que ver con lo profesional, etcétera.

Como puedes darte cuenta, se trata de símbolos que de forma inconsciente nos dicen quiénes somos; utilicé estos porque en el inconsciente colectivo estamos despiertos, tienen este significado y de esta manera nos dicen algo acerca de nosotros mismos. Desafortunadamente no tienen el mismo sentido en nuestros sueños, ya que ahí somos seres individuales, con un universo de diferencia entre cada uno de nosotros; por ello, hay varias cosas que debemos comprender antes de empezar a descifrarlos.

Por ejemplo, los diccionarios de sueños que encontramos regularmente, no es que sean malos o que no podamos tomar consejos de ellos, pero no son tú, tal y como lo oyes. En un sueño podemos encontrar a un perro, y aunque para ti o para mí sea un ser noble, para alguien más que haya sido mordido o atacado no significará lo mismo; por lo tanto, la interpretación de un perro en un sueño puede tener distintos puntos de vista y lo mismo con todos los símbolos existentes.

Considerando lo anterior, en seguida viene el primer ejercicio, referente a tu propio diccionario de los símbolos que se presentan en tus sueños. Para realizarlo, como a veces nos da flojera escribir, a continuación escribí varias palabras o simbologías comunes como «volar», «agua», «correr», etcétera. Lo único que vas a hacer es escribir a un lado lo que representan para ti, utilizando sensaciones y emociones, por ejemplo:

Volar - Libertad
Correr - Sentirme presionado por algo

Ahora viene tu turno:

A

Abandono-
Abdomen-
Abismo-
Aborto-
Abuelo-
Accidente-
Adolescencia-
Agua-
Aire-
Aire acondicionado-
Alarma-
Alas-
Alberca-
Alcohol-
Alienígenas-
Amarillo-
Amatista-
Ambulancia-
Amigo-
Ángel-
Animales-
Araña-
Arcoíris-
Arena-
Armadura-
Arresto-
Arriba-
Astronauta-
Ataque-

Avalancha-
Avión-
Azul-

B

Bacteria-
Balas-
Balcón-
Balón-
Baño-
Barba-
Barco-
Basura-
Bautizo-
Bebé-
Beige-
Beso-
Biblia-
Binoculares-
Blanco-
Bosque-
Botones-
Brazalete-
Brisa-
Bruja-
Burbujas-

C

Caballo-

Cadena-
Café (color)-
Café (bebida)-
Caja-
Cámara-
Camino-
Cáncer-
Capitán-
Caramelos-
Carruaje-
Carrusel-
Castillo-
Castración-
Celda-
Celebración-
Celebridad-
Cementerio-
Chimenea-
Chocolate-
Circo-
Círculo-
Ciudad-
Clases-
Clóset-
Coche-
Cocina-
Cocodrilo-
Cohete-
Collar-
Comer-
Comida-
Conversación-
Corredor-
Correr-
Crimen-
Cristal-

Cruz-
Cuchillo-
Cuerpo-
Cueva-

D

Dado-
Deforme-
Delfín-
Desayuno-
Desierto-
Desnudez-
Dientes que se caen-
Dieta-
Dinero-
Dinosaurio-
Divorcio-
Doctor-
Documentos-
Dragón-

E

Eco-
Ejecución-
Elasticidad-
Elefante-
Elevador-
Embarazada-
Escapar-
Escuela-
Espejo-
Estadio-
Estrella-
Excremento-

Explosión-

F

Fábrica-
Familia-
Fantasma-
Felicidad-
Fiebre-
Fiesta-
Flores-
Fresas-
Frustración-
Fruta-
Fuego-
Fuente-
Funeral-
Futbol-
Futuro-

G

Garaje-
Gato-
Genitales-
Germen-
Gimnasia-
Graduación-
Granja-
Gris-
Guantes-
Guillotina-
Guitarra-

H

Hada-
Hermano-
Hierba-
Hígado-
Higiene-
Hijo-
Hipnotista-
Horror-
Hotel-
Hoyo-
Hueco-
Huevo-
Hule-
Huracán-

I

Impotencia-
Incesto-
Indigestión-
Infidelidad-
Inflamación-
Intruso-
Inyección-
Isla-

J

Jalar-
Jorobado-
Jóvenes-
Joyas-
Juego-
Juez-

Juicio-
Jungla-

K

Karate-

L

Labios-
Lago-
Lengua-
Lenguaje-
León-
Letras-
Libélula-
Lila-
Limón-
Línea-
Listón-
Lluvia-
Locura-
Lotería-
Luciérnaga-
Luna-
Lupa-
Luz-

M

Maíz-
Maldad-
Mamá-
Mancharse-
Manto-
Manzana-

Mapa-
Mariposa-
Matar-
Mentir-
Mesa-
Mojarse-
Monasterio-
Monedas-
Monstruo-
Montaña-
Montar-
Morado-
Moscas-
Muebles-
Muerte-
Mundo-
Muñeca-

N

Naranja-
Naturaleza-
Náusea-
Negro-
Nido-
Noche-
Nombre-
Noticias-
Nuez-
Números-

O

Océano-
Oficial-
Oficina-

Ojo-
Órgano-
Ostra-
Oveja-
Ovni-

P

Palacio-
Pan-
Papá-
Papel-
Paquete-
Paracaídas-
Pareja-
Parque-
Pasillo-
Pastel-
Pera-
Personas-
Pesa-
Pesadilla-
Pijama-
Pintura-
Pirata-
Plantas-
Policía-
Presidente-
Prostituta-

Q

Quemarse-
Queso-

R

Radio-
Raíz-
Rastrillo-
Rechazo-
Reflejo-
Relación-
Religión-
Rescate-
Restaurante-
Río-
Risa-
Robot-
Rojo-
Rosas-
Ruinas-

S

Sal-
Saliva-
Salvaje-
Salvar-
Sangre-
Secreto-
Sed-
Seducción-
Silencio-
Siluetas-
Sirena-
Sol-
Soldado-
Sombras-
Sonido-

Sudor-

Suicidio-

Supermercado-

Surfear-

T

Tatuaje-

Té-

Teatro-

Teléfono-

Telescopio-

Televisión-

Temperatura-

Templo-

Tesoro-

Texturas-

Tiempo-

Tornado-

Torre-

Tortuga-

Tráfico-

Tren-

Triángulo-

Tristeza-

Trofeo-

Trompeta-

Tsunami-

Tumba-

Túnel-

U

Unicornio-

Uniforme-

Universo-

Uvas-

V

Vacaciones-

Valle-

Vampiro-

Vello-

Venas-

Verdura-

Vestido de novia-

Violencia-

Virgen-

Volcán-

Vómito-

Voz-

Y

Yate-

Yoga-

Z

Zombi-

Zoológico-

Dejaré otra hoja en blanco para que escribas símbolos que se presenten en tus sueños y no aparezcan en la lista, ¿de acuerdo? Los puedes anotar de una vez o bien conforme los vayas soñando.

¿Por qué dormimos? Todavía no se sabe con exactitud, pero si no lo hacemos nos morimos; de hecho podemos sobrevivir más tiempo sin comida que sin dormir.

A pesar de no saber con exactitud por qué dormimos, existen varias teorías acerca de lo que podemos obtener al hacerlo. Estas son solo algunas de ellas:

- Recarga el cerebro y repara neuronas.
- Reorganiza datos para encontrar soluciones.
- Baja la tasa metabólica y el consumo de energía.
- Descansa el sistema cardiovascular.
- Reemplaza y repara químicos en músculos, tejidos y células muertas.
- Se liberan hormonas del crecimiento, en especial en niños y adolescentes.
- Nos conectamos con la glándula pineal, activando la inconsciencia para hacer descansar la conciencia.

Se dice que siempre soñamos al dormir, aunque recordemos muy poco de esos sueños o tengamos la impresión de no haber soñado. Ahora bien, ¿por qué soñamos?

Otra gran pregunta. Mientras que Freud dice que en los sueños se encontraban nuestros deseos reprimidos, Jung nos habla de un mundo de arquetipos y significados que no son necesariamente deseo o represión; Cayce nos explica el equilibrio que originan entre cuerpo y espíritu, mientras que Francis Crick y Graeme Mitchison señalan simplemente que se trata de basura que el cerebro necesita desechar para seguir trabajando.

Para mí los sueños son un mundo fantástico donde podemos recibir mensajes de seres de luz, premoniciones, soluciones, liberaciones espirituales, viajes astrales y mucho más. Aquí te presento solo algunos tipos de los que existen:

Sueños dormidos. Sueños mundanos que nos ayudan, como parte de los procesos de la mente, a que esta se limpie y depure información. Casi no los recuerdas, y cuando lo haces, son a propósito de sucesos que viviste el día anterior; por ejemplo, soñé que me encontraba en un restaurante igual al que fui en días pasados.

Sueños lúcidos. En este caso tienes una percepción consciente de tus sueños, logrando un cierto control sobre estos: por ejemplo, soñé que me encontraba en una casa y no me sentía a gusto en ella, entonces preferí cambiar de escenario a un lugar con alberca y sol.

Sueños proféticos o premonitorios. Sueños que tienen información anticipada sobre sucesos que van a ocurrir en un tiempo futuro, por ejemplo, soñé que le compraba un perro café a un señor de camisa roja y olía a flores, ya que cerca había una florería, y tiempo después ocurre ese mismo evento. Si te das cuenta, al tener sueños proféticos todo lo que percibes es más vívido, ya sean los colores, los olores, los lugares, etcétera. Se dice que para que un sueño profético se cumpla, por lo general pasan «bloques de tres»: tres horas, tres días, tres semanas, tres meses y hasta tres años.

Sueños sanadores. Se trata de mensajes basados en la salud de la persona, por lo general porque tu cuerpo quiere ponerse en contacto contigo. Por ejemplo, soñé que tenía muchas ganas de hacer pipí y entonces corría a un baño, pero aún después de ir no lograba mitigar las ganas; lo anterior significa que mi cuerpo me avisa de la necesidad de ir al baño. En otro sueño, me sentía muy cansado mientras caminaba y caminaba hasta llegar a una cama; al acostarme, todo mi cuerpo se iluminaba y así podía descansar. En este caso el sueño te avisa que es importante descansar y que con el sueño reparas tu energía.

Sueños chamánicos. Son sueños lúcidos guiados por maestros espirituales con forma animal. Te enseñan quiénes son tus aliados de poder, los que te acompañan y cuidan en el camino; pueden ser animales que te hablan o que tú seas un animal. Por ejemplo:

a) Soñé que era un venado que tomaba agua hasta que llegó un cocodrilo y trató de atacarme. Yo, siendo venado, corrí con tanta fuerza que mi cuerpo se dirigió hacia la luz y era imposible que alguien me atacara.

b) Soñé que llegaba un león y me decía que era tiempo de crecer y saber la fuerza que vive en mí.

Sueños misteriosos. Son aquellos en los que debemos identificar primero la acción más fuerte, y comprender aquellos símbolos y mensajes que se presentan justo antes de dicha acción principal.

Sueño de la infancia. Sueños que nos remontan a alguna etapa de nuestra niñez que no hemos resuelto.

Sueño mutuo. Son aquellos sueños compartidos por dos personas.

Terror nocturno. Tienen que ver con la autoridad. Por lo general se presenta algo muy feo o más grande que tú, ya sea en tamaño o forma. En la mayoría de los casos representan a los papás o a alguien con poder; principalmente los niños tienen estos sueños.

Sueños iluminados. Son aquellos que nos conectan con experiencias religiosas o información relacionada con el despertar espiritual. Por ejemplo, soñé con mi abuela, ya fallecida, quien me decía que se encontraba bien y que me quería mucho; en otro sueño, subía por una escalera al cielo y escuchaba una voz que me decía: «Es tiempo».

Sueños que amplifican. Son los que exageran tu estado emocional, por ejemplo, tienes miedo acerca de un problema y en tu sueño se aparece un dinosaurio frente a ti.

Sueño catártico. Son sueños en los que vivimos emociones muy fuertes, y al despertar nos sentimos libres de aquello que reprimíamos.

Sueño anticipado. Es aquel que nos hace vivir una experiencia que pronto ocurrirá y hace que nuestra mente se prepare para lo peor: por ejemplo, al soñar con presentar un examen y reprobarlo, si bien esto puede no ser una premonición, nos ayuda a ver el peor escenario.

Sueños del miedo (pesadillas). Podríamos pensar que son malos y puede ser que estén conectados con vibraciones bajas; sin embargo, este es el perfecto ejemplo de cómo algo negativo se puede transformar en positivo. Todo lo que sentimos en estos sueños, lo que nos causa ansiedad, estrés, miedo, incomodidad física, etcétera, en muchas ocasiones son estados reprimidos en nuestro día a día y las pesadillas nos ayudan a liberarlos. Es recomendable no llevarnos mucho peso cuando nos vayamos a dormir, para que no nos suceda: por «peso» me refiero a todas las presiones del trabajo, de la familia, de la pareja, del dinero, pero también incluye alimentos como la cafeína, el chocolate, la carne. Si te das cuenta, son alimentos pesados que nuestro cuerpo no digiere tan fácilmente, al igual que las emociones negativas, y por eso los libera en pesadillas. Por ejemplo, después de cenar bastante, soñé toda la noche que me perseguía una sombra y que quería robarse mi alma.

Sueños con señales. Son aquellos que te dan avisos acerca de cómo resolver un problema real que llevas tiempo tratando de solucionar. Por ejemplo, soñé que me decían que abriera un cajón, y al fondo había una tarjeta con un teléfono que no encontraba; al despertar y abrir el cajón, abajo de unos papeles se encontraba la tarjeta.

Existen muchos tipos de sueños, de los que podemos aprender de una forma increíble; solo es cosa de darnos el tiempo para entenderlos y para eso escribí este capítulo. Aunque no explicaré todos y cada uno de ellos, te enseñaré a comprenderlos lo mejor posible con los ejercicios que vienen a continuación.

Para empezar hay que recordar que ya pusiste en palabras algunos significados de los símbolos frecuentes en tus sueños, los que estableciste en un apartado anterior. Ahora quiero que escribas un sueño, tal vez alguno que sea recurrente, o uno que tuviste hace poco tiempo que haya llamado poderosamente tu atención; puede ser tuyo o de alguien más. Te recomiendo que se trate de un sueño actual, para que sea más claro el significado, y que sea corto, para que no te desesperes por la cantidad de información que puedes encontrar. Si es la primera vez que haces algo así, puede resultar un poco cansado; para mí es como descifrar el mapa de un tesoro, aprovecha esas tardes lluviosas, tranquilas, para hacerlo, y verás que te sorprendes.

A continuación encontrarás una página de paréntesis; lo que vas a hacer es sacarle una copia y escribir una palabra en cada uno de ellos, va un ejemplo:

(Me) (encuentro) (en) (un) (circo) (y) (hay) (muchos) (payasos) (que) (se) (ríen) (pero) (yo) (no) (me) (estoy) (riendo) (Es) (porque) (tengo) (un) (sombrero) (con) (un) (pájaro) (encima) (de) (mí) (Al) (ver) (esto) (me) (asusto) (y) (salgo) (corriendo) (hasta) (toparme) (con) (una) (casa) (y) (esa) (casa) (fue) (mi) (casa) (cuando) (era) (niño) (y) (ahí) (me) (siento) (en) (paz).

( ) ( ) ( ) ( ) ( ) ( ) ( )
( ) ( ) ( ) ( ) ( ) ( ) ( )
( ) ( ) ( ) ( ) ( ) ( ) ( )
( ) ( ) ( ) ( ) ( ) ( ) ( )
( ) ( ) ( ) ( ) ( ) ( ) ( )
( ) ( ) ( ) ( ) ( ) ( ) ( )
( ) ( ) ( ) ( ) ( ) ( ) ( )
( ) ( ) ( ) ( ) ( ) ( ) ( )
( ) ( ) ( ) ( ) ( ) ( ) ( )
( ) ( ) ( ) ( ) ( ) ( ) ( )
( ) ( ) ( ) ( ) ( ) ( ) ( )
( ) ( ) ( ) ( ) ( ) ( ) ( )
( ) ( ) ( ) ( ) ( ) ( ) ( )
( ) ( ) ( ) ( ) ( ) ( ) ( )
( ) ( ) ( ) ( ) ( ) ( ) ( )
( ) ( ) ( ) ( ) ( ) ( ) ( )
( ) ( ) ( ) ( ) ( ) ( ) ( )
( ) ( ) ( ) ( ) ( ) ( ) ( )
( ) ( ) ( ) ( ) ( ) ( ) ( )
( ) ( ) ( ) ( ) ( ) ( ) ( )
( ) ( ) ( ) ( ) ( ) ( ) ( )
( ) ( ) ( ) ( ) ( ) ( ) ( )
( ) ( ) ( ) ( ) ( ) ( ) ( )
( ) ( ) ( ) ( ) ( ) ( ) ( )
( ) ( ) ( ) ( ) ( ) ( ) ( )
( ) ( ) ( ) ( ) ( ) ( ) ( )
( ) ( ) ( ) ( ) ( ) ( ) ( )
( ) ( ) ( ) ( ) ( ) ( ) ( )

Escribe tu sueño de la misma forma. Te recomiendo que continúes sacando copias de esta plantilla para que más adelante puedas hacer otros ejercicios.

Ahora vamos a desmenuzar tu sueño, primero tachando las (y) y los (que) de tu escrito:

(Me) (encuentro) (en) (un) (circo) (hay) (muchos) (payasos) (se)(ríen) (pero) (yo) (no) (me) (estoy) (riendo) (Es) (porque) (tengo) (un) (sombrero) (con) (un) (pájaro) (encima) (de) (mí) (Al) (ver) (esto) (me) (asusto) (salgo) (corriendo) (hasta) (toparme) (con) (una) (casa) (esa) (casa) (fue) (mi) (casa) (cuando) (era) (niño) (ahí) (me) (siento) (en) (paz).

Enseguida vamos a tachar los (me), los (yo) y los (mí). Por ejemplo:

(encuentro) (en) (un) (circo) (hay) (muchos) (payasos) (se) (ríen) (pero) (no) (estoy) (riendo) (Es) (porque) (tengo) (un) (sombrero) (con) (un) (pájaro) (encima) (Al) (ver) (esto) (asusto) (salgo) (corriendo) (hasta) (toparme) (con) (una) (casa) (esa) (casa) (fue) (casa) (cuando) (era) (niño) (ahí) (siento) (en) (paz).

Por último vamos a descartar los (en), (una), (un), (con), (el), (las), (los), (lo), (al). Veamos:

(encuentro) (circo) (hay) (muchos) (payasos) (se) (ríen) (pero) (no) (estoy) (riendo) (Es) (porque) (tengo) (sombrero) (pájaro) (encima) (Al) (ver) (esto) (asusto) (salgo) (corriendo) (hasta) (toparme) (casa) (esa) (casa) (fue) (casa) (cuando) (era) (niño) (ahí) (siento) (paz).

Tratemos de buscar palabras que se repitan. En este ejemplo, *casa* resalta en primer lugar, ya que se repite tres veces; aunque el verbo *reír* aparece dos veces, no tiene la misma connotación. Por tanto, *casa* es una palabra muy importante y puede ser el símbolo principal.

Vamos a tratar de extraer los símbolos, aquellas palabras que consideres más importantes en tu escrito. En el ejemplo que seleccionamos:

(encuentro) (circo) (payasos) (ríen) (sombrero) (pájaro) (asusto) (corriendo) (toparme) (casa) (niño) (siento) (paz).

Si eliminamos de esta última selección de palabras los verbos (los usaremos más adelante), nos quedarán puros símbolos: vamos a darles nuestro propio significado, o en caso de que ya los tengamos en la sección anterior, de ahí los obtenemos. Por ejemplo:

Circo-espacio
Payasos-inseguridad
Sombrero-ocultar
Pájaro-libertad
Casa-amor
Niño-vulnerabilidad
Paz-tranquilidad

Finalmente, vamos a escribir los verbos restantes:
Encuentro
Ríen
Asusto
Corriendo
Toparme
Siento

Ahora sí, estamos listos para la siguiente etapa: utilizando nuestra intuición, vamos a acomodar los significados de los símbolos y los verbos uno tras otro, por ejemplo:

Encuentro espacio inseguro ríen oculto asusto corriendo
libre toparme amor siento tranquilidad.

¿Qué tal? ¿Cómo te fue? Si te das cuenta, ahora existe un significado más claro que depende de tu intuición interpretar y así conocer lo que quiere decir el sueño.

Este sueño simboliza que pasaba por una etapa de inseguridad, sentía que todo lo que hacía o era iba a ser juzgado por la sociedad, esto me atemorizaba mucho y solo en mi espacio me sentía seguro.

Tuve este sueño cuando desperté espiritualmente: la gente no entendía qué me pasaba, tal vez creía que me estaba volviendo loco o al menos yo entendía que eso pensaba. Prefería no salir de casa a que la gente me viera distinto, así como yo los veía distintos a ellos.

Te preguntarás de qué me sirvió comprenderlo: darme cuenta de mi situación y ser consciente de que me estaba convirtiendo en un ermitaño, me hizo entender que era tiempo de salir a la vida y tener más seguridad en mí mismo. Como vimos, fue solo por medio de este juego de palabras que pude obtener una respuesta tan clara.

¿Tenemos que hacer esto con cada sueño? ¡Qué flojera! Como todo, requiere práctica; al poco tiempo tu mente hará el trabajo por ti, excluirá los artículos, preposiciones, conjunciones, y solo escribirás los verbos y símbolos para hacer la parte final del ejercicio, hasta que, con experiencia, todo será mental.

Existe otra forma de comprender tu sueño; es por medio de preguntas y observando los movimientos corporales.

Las preguntas que uno debe hacerse son las siguientes:

1. ¿Cómo me siento en el sueño?
2. ¿Quién se encuentra en el sueño?
3. ¿Qué significan estos personajes para ti?
4. ¿Dónde sucede el sueño?
5. ¿Qué significa este o estos lugares para ti?

6. ¿Qué hago en el sueño?
7. ¿Cuál es el propósito del sueño?
8. ¿Las sensaciones del sueño te hacen recordar algún momento similar que hayas tenido últimamente?
9. Si pudieras cambiar algo del sueño, ¿qué sería?
10. ¿Cómo te sientes de soñar esto?

Cuando soñamos algo o alguien te cuenta su sueño, se libera un caudal de energía; dichas preguntas te ayudarán a obtener una respuesta clara.

Por ejemplo, una persona, a quien nombraremos X, me contó este sueño:

—Estaba caminando por la arena, me acerqué al mar y caminé hasta el fondo; cuando me di cuenta de que podía respirar debajo del agua sentí un gran placer y decidí descansar en el lecho del mar. Entonces se acercó un delfín y me dijo que nadáramos juntos; así lo hice y me dio mucha felicidad.

—¿Cómo te sientes en el sueño?

—Al principio, como a la espera de que algo suceda y después muy relajado.

—¿Quién se encuentra en el sueño?

—Primero estoy yo solo y después aparece un delfín.

—¿Qué significa un delfín para ti?

—Diversión, juego.

—¿Dónde sucede el sueño?

—En la playa y en el mar.

—¿Qué significa este lugar para ti?

—Para mí la playa es un refugio, y el mar, liberación; es dejarme llevar, que todo se me olvide.

—¿Qué haces en el sueño?

—Estoy caminando hacia el mar, luego respiro bajo el agua y nado con los delfines.

—¿Cuál crees que sea el propósito del sueño?

—Relajarme y desestresarme.

—¿Te hace recordar algo que estés viviendo en tu día a día?

—Pues solo que lo extraño (risas).

—¿Cambiarías algo del sueño?

—Me hubiera gustado nadar más con el delfín.

—¿Cómo te sientes de haber soñado esto?

—Pues me he sentido muy estresado últimamente porque tengo muchas presiones de trabajo, y estoy muy cansado. Mi sueño hizo sentirme muy bien.

Conclusión: X está viviendo una etapa de muchas preocupaciones y fatiga. El sueño le ayuda a evitar el estrés, a manejar las situaciones con calma, pero sobre todo a jugar con la vida y no tomarse las cosas tan en serio.

Tal vez algunas personas estén familiarizadas con la presencia de ciertos símbolos generales en los sueños, como el agua, que puede ser la energía sexual, o el mar como la madre; sin embargo, por medio de las experiencias que te he expuesto, podrás darte cuenta de que no somos moldes de galletas, que esos significados no siempre embonan y que es más importante ver el contexto del sueño para entender lo que representa ese símbolo para cada persona en particular.

Ahora bien, regresando a nuestro ejemplo, ¿qué le podrías recomendar a X que hiciera?

¡Exacto! Relajarse, hacer más cosas que le guste hacer, y resolver todo a su tiempo.

¿Cómo te sentiste mejor, con el primer ejercicio o con el segundo? Más adelante te contaré un sueño, y para interpretarlo tú elegirás el método que más te haya gustado.

Hay otra forma de entender los símbolos de los sueños, que aparte se utiliza en la creación y desarrollo de proyectos, decisiones y demás: se le llama *mapa mental*.

Los mapas mentales fueron creados para comprender el proceso de alguna situación y resolverla sin involucrar miedos ni inseguridades personales; para mí ha sido también una forma de comprender mis sueños y su simbología.

Para conocer este método, comienza por hacer lo siguiente: escribe en el centro de una hoja o un pizarrón el nombre de tu sueño; tú lo puedes inventar, por ejemplo, si soñaste con estrellas, servirá si tan solo escribes «Estrellas».

estrellas

Ahora, de esta palabra van a salir líneas hacia otras partes de la hoja o el pizarrón, donde escribirás situaciones del sueño; por ejemplo, en una puedes poner: «Estoy caminando en el jardín de mi casa pero es de noche».

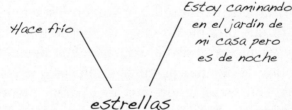

De la misma forma, como hicimos con el detalle anterior, vamos a escribir y conectar otros, por ejemplo, añadiendo que hacía frío:

Así continuamos incorporando frases con información sobre el sueño:

Estoy solo

Hace frío

Estoy caminando en el jardín de mi casa pero es de noche

estrellas

Una vez construido nuestro mapa con la información del sueño, continuamos agregando frases, pero ahora incluyendo aspectos relacionados con lo que cada frase significa para ti, por ejemplo:

Como te puedes dar cuenta, puse un significado y de él salió uno nuevo, hasta que finalmente entendemos por qué escribimos esa raíz en un principio.

Cuando hayas terminado de escribir todos los significados, sin duda comprenderás tu sueño. Te recuerdo que esto lo puedes hacer también para desarrollar un proyecto, establecer tus objetivos de vida o analizar todo aquello a lo que se le puedan sacar raíces.

Por último, existe un cuarto método pero en este necesitas observar a la persona que refiere un sueño y estar muy pendiente de ella, ya que uno puede saber de qué se trata solo con ver sus movimientos y gestos al contarlo. Los siguientes son los significados de algunas posturas y señales que comúnmente hacemos; con estos tendremos una gama importante para comprender las emociones involucradas y la realidad de los sueños. Para tener una interpretación más clara, yo utilizaría este método junto con alguno de los otros que ya hemos revisado, pero no quiere decir que no puedas trabajar solo con este. Empecemos:

Los ojos
  • Cuando la persona mira a su lado izquierdo, está creando más de lo que en realidad sucedió en el sueño.

- Cuando sus ojos miran hacia abajo, está pidiendo aprobación acerca de si es correcto lo que está contando, para cortar información si no es así.
- Cuando su mirada está perdida, entonces está viviendo un detalle en el sueño que le recuerda algo de su pasado.
- Cuando achica los ojos con sus párpados quiere decir que la parte del sueño que está contando le produce inseguridad.
- Cuando cierra los ojos, está tratando de recordar lo que sigue en el sueño; su mente le dice que esa información se encuentra bloqueada por alguna razón. Esto nos puede indicar que se trata de una parte muy importante que nos ayudará a descifrarlo y que debemos poner mucha atención en lo que diga antes y después de este cerrar de ojos.
- Cuando abre los ojos es porque lo que está contando lo sorprende, le resulta interesante y quiere que también le prestes más atención, e incluso señales lo que está haciéndote notar.

Boca y nariz
- Cuando se rasca la nariz es porque no está seguro de cómo era el sueño y es probable que empiece a crear algo que no es cierto.
- Cuando se muerde la lengua o los labios, hay información que no quiere decir, se trata de algo que prefiere quedárselo para sí mismo.
- Cuando se tapa la boca con las manos es que algo le asustó o le sorprendió muchísimo.
- Cuando constantemente se lleva las manos a la boca nos señala que lo que está diciendo tal vez sea un invento suyo, por lo que no hay que dar mucha importancia a esta parte del sueño.

Cuello

- Cuando se rasca el cuello representa culpa, se está sintiendo culpable acerca de ese sueño.
- Cuando se cubre el cuello es porque conscientemente el sueño le dice que está reprimiendo su comunicación con alguien; podemos saber si esa otra persona es hombre o mujer según la mano que se haya llevado al cuello:

  Mano derecha: hombre.

  Mano izquierda: mujer.

Manos y brazos

- Cuando sube las manos más arriba de su cabeza, está haciendo referencia a lo que se presenta en el sueño, es algo muy grande pero sobre todo es algo o alguien que le impone respeto y a veces miedo.
- Cuando abre los brazos en forma de abrazo significa que está abriendo su corazón a una experiencia nueva, o bien que siente la necesidad de proteger a alguien.
- Si hace referencia a otra persona cuando hace el movimiento de extender los brazos a los lados, como en un abrazo, es porque está buscando protección de alguien y se siente solo o sola.
- Cuando golpea una mano con la otra significa que es algo que debe ser así y no puede decir no a ello. Si hace este movimiento con referencia a alguien, significa que trae «cargando» a otra persona y que se siente muy presionado por ella.
- Cuando se hace referencia con las manos a tamaños, a algo más chico o más grande, creando una distancia del piso a la mano, esto representa que lo más grande se encarga de lo más chico y puede sentir preocupación por lo más pequeño. Para saber cuándo es pequeño, es cuando la persona pone su mano a la altura del estómago o más abajo; cuando es alto o grande, la mano está a la altura del pecho o más arriba.

- Cuando la mano se pone en el pecho, tiene que ver con algo del corazón, el que se está protegiendo para que no le hagan daño ya que es alguien muy emocional y lo que cuenta lo pone muy sensible.
- Cuando junta las manos en forma de rezo es una manera de pedir ayuda porque no se siente tan fuerte para lograr sus metas.
- Cuando se cubre el vientre con la mano está hablando de sus miedos e inseguridades; esto nos señala que está contando algo que le detona estas dos emociones.
- Cuando tapa su zona sexual con las manos, representa una represión en esa área y que necesita trabajar con su energía sexual.
- Si hace líneas o cuadrados con las manos, el sueño le está diciendo algo sobre el orden, la disciplina y la organización.
- Cuando hace caminos con las manos, el sueño le indica que hay un sendero que debe tomar y no vivir en la indecisión.
- Cuando las manos hacen un movimiento repetitivo, nos indica que el sueño le dice que está tropezando con la misma piedra y que debe salir de la monotonía.
- Cuando señala a alguien o algo, simboliza que necesita tomar nuevamente el control de su vida, o que se siente atacado de una u otra forma.
- Cuando cierra las manos en forma de puño, quiere decir que necesita control sobre algo o alguien.

Otros movimientos y gestos
- Cuando la persona sonríe, nos habla de un momento agradable que extraña vivir en su día a día.
- Cuando cruza la pierna, al contrario, también representa inseguridad sexual y es recomendable hablar del tema.

- Cuando niega con la cabeza, aunque esté afirmando algo, el movimiento del no será más cierto que su afirmación en palabras. Por eso, si observas esta reacción, pregúntate por qué «no».
- Cuando da un paso atrás señala que lo que está platicando le causa mucha inseguridad. Por otro lado, nos dice que hay algo en su vida que le impide dar el siguiente paso.
- Cuando mueve el cuerpo como si temblara, representa que algo no le gusta.
- Cuando se agacha, por algo o por alguien, quiere decir que desde el sueño es el ego el que nos habla sobre la superioridad de la persona en cuestión.

Como podrás ver, toda esta información nos da un acercamiento importante a las respuestas que nos brindan nuestros sueños. Sé que hay quienes están pensando: «¡Pero yo nunca me acuerdo de mis sueños!». No hay problema, si no estás acostumbrado a trabajar con ellos no significa que no lo puedas hacer, solo que en este caso te daré un paso extra para que puedas lograrlo.

Sigue estas instrucciones antes de dormir:

- En primer lugar tienes que aplaudir en cada esquina de tu recámara; esto hace que se libere la energía de tu espacio. Es sumamente importante que lo tengas lo más energéticamente limpio, para que nada se interponga al dormir.

  Lo que hacen los aplausos es liberar la energía que se queda estancada, particularmente en las esquinas de las recámaras porque ahí no fluye, al contrario, se corta. El *feng shui* pide que las esquinas sean circulares en lugar de tener ángulos rectos, ya que así la corriente de energía fluye con más fuerza; sin embargo, como el 99 por ciento de la gente vivimos en casas con esquinas en ángulo recto, lo que haremos será limpiarlas con aplausos, ya que estos crean un sonido que con fuerza recorre todos los espacios, liberándolos de energía negativa.

- En segundo lugar, hay que tratar de apagar y desconectar la mayor cantidad de aparatos electrónicos: estos afectan tus campos energéticos y los llenan de ansiedad y movimiento, por eso ocasionan que nos despertemos o que no durmamos de una forma efectiva.
- En tercer lugar, te acostarás como siempre lo haces: del lado derecho o izquierdo, con almohada de plumas o de algodón, y sábanas y colchones de diferentes texturas, pero ahora eres tú quien debe modificar sus pensamientos, ya que no ocuparás tu mente con lo que te preocupa o con los problemas que solemos llevarnos a la cama.

Cierra los ojos y respira profundamente, liberando a tu cuerpo del estrés; relaja tus músculos, suelta tus pensamientos y visualiza que te encuentras en una barca en la que te acuestas sobre almohadas acolchonadas y te cubres completamente con suaves cobijas; si tienes calor, no serán necesarias.

Mira al cielo; puedes ver el sol, las nubes y el cielo azul. Mientras la barca avanza, tú vas sintiendo un sueño ligero y reconfortante. El cielo va cambiando del color amarillo a tonos más rojizos y tardíos, hasta que logras ver que se hace de noche y puedes dormir plácido frente a las miles de estrellas que aparecen en el cielo.

La temperatura es muy agradable, el aire es fresco y tú te sientes cuidado y completamente seguro.

Si llevas a cabo esta relajación te puedo asegurar que dormirás profundamente y recordarás con facilidad tus sueños al despertar; un consejo es grabar tu voz leyendo los pasos de la relajación, para que cuando la realices no te distraigas y puedas seguirla satisfactoriamente.

Si estás más interesado en trabajar con los sueños, tengo

un curso específicamente dedicado a esto, el cual imparto junto con mi papá, un psicoanalista extraordinario que se ha dedicado a la psicología de los sueños por muchos, muchos años, así que hacemos buen equipo. Te invito a que lo consideres.

Ahora bien, otra parte inexplorada del mundo de los sueños y del dormir tiene que ver con experiencias como los sueños lúcidos y los viajes astrales; antes mencioné a grandes rasgos las características de los primeros, pero aquí te cuento cómo tenerlos.

Para hacer que un sueño tenga más que información del día a día, debemos conocer qué parte de nuestro cerebro es la que produce el sueño. Esta es la glándula pineal, que se encuentra en el centro de nuestro cerebro, en la parte media.

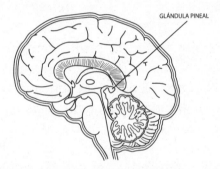

GLÁNDULA PINEAL

En esta glándula se activa la melatonina, hormona que a su vez se produce a partir de la serotonina; la melatonina recorre tu cuerpo bajando la tensión, la respiración y el ritmo cardiaco para alcanzar una relajación profunda. También es conocida como «glándula de la oscuridad» porque se detona cuando está oscuro, pero puede lograrse ponerla en funcionamiento al entrar en procesos de relajación profundos o meditativos. Lo más curioso e interesante es que, para empezar, se conecta con la retina, así que en cierta forma es parte de las vías visuales; no solo eso, también la glándula pineal está compuesta por células similares a las del ojo, los fotorreceptores, y es por ello que algunos la llaman «tercer ojo» o «sexto chacra», ya que su activación ocurre cuando nos encontramos en estados profundos. También se ha dicho que, como no es bilateral y se encuentra en el centro del cerebro, es la que nos une con el alma.

Se ha comprobado que aquellas personas que han tomado melatonina para inducir el sueño tienen más sueños lúcidos, más viajes astrales, pero sobre todo más premoniciones (conocer qué ocurrirá en el futuro); de hecho existen varios cursos para desarrollar la glándula pineal, como el «Método Cyclopea» de Fresia Castro. Gracias a este pequeño frijolito podemos aumentar nuestra sensibilidad, nuestro sexto sentido, y alcanzar un mayor bienestar. En otro sentido se le identifica como la glándula que nos conecta con mundos paralelos, lo cual es más complejo, lo importante es reconocer que la glándula pineal conecta nuestro mundo tangible con el mundo intangible, creando así experiencias como el viaje astral, que veremos a continuación.

Viajes astrales

Las personas me preguntan continuamente acerca de los viajes astrales. Es un aspecto que practiqué durante muchos años de mi vida, hasta que me apasionaron los mensajes de los seres de luz y las premoniciones; sin embargo, es un mundo fascinante por descubrir.

Quien conozca poco o casi nada sobre este tema, lo primero que debemos saber es qué es un viaje astral o una proyección astral. Se trata de una experiencia creada al momento del sueño, de relajaciones muy profundas o mediante psicotrópicos, en la cual tu cuerpo sufre un desdoblamiento (abandono del cuerpo físico) o separación entre el cuerpo sutil y el cuerpo físico, lo que hace que el cuerpo sutil viaje a un plano astral.

El plano astral es un espacio donde las leyes de la física no existen, puedes volar, flotar, atravesar paredes y convertirte prácticamente en un fantasma o un ser invisible. Una de sus características importantes es que puedes viajar a cualquier tiempo, lugar y espacio, y según tu estado emocional presente será lo que puedes encontrar, por ejemplo, si traes una energía negativa, con autoestima baja y demás, es probable que tu viaje no sea muy placentero, ya que las experiencias, lugares y seres que encontrarás no serán de lo más agradables. También sucede lo opuesto, si te sientes bien, tranquilo y sereno, tu viaje será maravilloso.

Para que el desdoblamiento ocurra, es necesario salir de la barrera que une al cuerpo sutil con el cuerpo físico y atravesar la línea del tiempo y el espacio; a esto se le llama «cordón de plata». Aunque muchas personas han difundido ideas negativas acerca de este cordón de plata, como que te puedes quedar loco o ya no regresar a tu cuerpo y demás, todo eso es falso, ya que los cuerpos físicos y sutiles tienen la capacidad de fundirse de nuevo de forma magnética.

Los elementos clave para lograr un viaje astral son:

- Estar completamente relajado.
- Estar concentrado tanto en tu propósito de conseguir un desdoblamiento, como en la ubicación adonde quieres que tu cuerpo sutil viaje.
- Tener energía suficiente para hacer el viaje.
- Inducir a tu cuerpo sutil a que se separe.

Antes de proporcionarte un ejercicio, quiero contarte mi experiencia para que sepas más o menos lo que vas a sentir.

Lo primero que hago es acostarme y ponerme tapones en los oídos para que ningún sonido me afecte; después cierro los ojos y hago la relajación que leerás más adelante. Mientras esto ocurre, mi cuerpo se relaja tanto que mi respiración es más lenta y más profunda, al igual que mis latidos; después, empieza a reaccionar con algún tipo de comezón o molestia, ya sea en la nariz, los ojos, los pies o las manos, porque trata de hacerme consciente de sí mismo, de mi propio cuerpo; a la primera picazón, si no aguanto, solo me rasco y sigo relajado, o bien, permito que esta sensación poco a poco vaya disminuyendo.

Cuando mi relajación empieza a ser más profunda, mi cuerpo empieza a pesar mucho, sobre todo porque ya me encuentro en un estado alfa, todo lo siento más lento y pesado. Aunque no estoy completamente consciente de mi situación y de mi objetivo, dentro de mí tengo registrado que debo hacer algo y que por sí solo mi cuerpo lo hará. De pronto siento un hormigueo en todos lados y la temperatura ha bajado: aquí me voy permitiendo sentir todo mi cuerpo, para entrar poco a poco en trance. Cuando alcanzo el trance, mi primera sensación corporal es inmovilidad y una vibración extraña; solo algunas veces puedo sentirme como más hinchado o más grande que mi tamaño natural, pero esta experiencia también es parte del procedimiento y es cuando el cuerpo sutil se libera y separa del cuerpo físico.

Ahora, lo que sucede a continuación ha sido muy variado, ya que muchas veces me encuentro solo, suspendido arriba de mi cuerpo, o sigo en mi cuarto pero en otro lado; lo extraño de esto es que muchas veces se crea el efecto «Alicia en el País de las Maravillas»: donde está la manija de tu puerta no hay nada, ahora las cortinas tapan la entrada o estás dormido del otro lado de la cama. Te confieso que cuando te encuentras en un lugar donde has estado físicamente, en el plano astral los colores, las formas, los muebles, etcétera, son muy distintos.

También me ha tocado viajar a ver a amigos míos, con quienes de hecho acordaba como ejercicio que hicieran algo raro para que yo les dijera lo que había visto durante mi traslado. Por ejemplo, una vez me pusieron en una cartulina «¡Bienvenidooo Apiooo!»; me reí mucho. Cuando desperté, se sorprendieron de oírme contárselos ya que efectivamente había estado ahí.

Sinceramente yo nunca hice nada para regresar, simplemente despertaba y recordaba todo mi viaje. Según mi teoría, cuando viajas y te mueves en el plano astral, el cuerpo físico no recibe imágenes ni experiencias, solo se encuentra en blanco; cuando el cuerpo sutil se fusiona con el físico es cuando este último logra recibir toda la información que el cuerpo sutil almacenó en su viaje y lo puede recordar.

Bueno, ese es el caso, yo solo regreso y me despierto normalmente; ni me siento cansado ni me robaron energía ni nada, aunque tengo que decir que también he tenido experiencias desagradables pero no fueron tan aterradoras como las pintan, o por lo menos no fue así para mí.

Una de estas experiencias desagradables ocurrió en un momento en que me encontraba muy estresado: por lo que se llama proyección inconsciente, mi cuerpo sutil salió de mi cuerpo físico y lo único que me pasó es que iba volando muy rápido, no podía distinguir formas o colores, lo único que veía eran sombras, además de que no podía detenerme a mirar nada; luego veía un cielo oscuro, como a punto de llover, y truenos. Efectivamente, no fue una experiencia padrísima, pero tampoco me quitó el sueño; con esto aprendí que debo relajarme antes de dormir para que no me suceda, y asunto arreglado.

Ahora te toca a ti, ¿estás listo?

Como te comentaba, lo más importante es relajarte profundamente para que de verdad logres el trance. Estos son los pasos a seguir:

- Busca un lugar cómodo o acuéstate en tu cama ya para dormir.
- De preferencia ponte unos tapones en los oídos, para que tu mente distraída no se desvíe con ruidos o sonidos. Si grabas esta relajación para escucharla, entonces no necesitas los tapones.
- Apaga celulares, teléfonos y demás.
- Acuéstate con las piernas y brazos estirados, sin cruzarlos, con tus ojos mirando el techo.
- Cierra los ojos y empezamos la relajación.

Relajación

Inhala profundo y exhala todo por la nariz; esto lo vas a hacer tres veces. Después, centra tu atención en tus pies:

- Tensa tus pies en la inhalación y relájalos en la exhalación.
- Tensa tus pantorrillas y relájalas al exhalar.
- Tensa tus piernas y relájalas al exhalar.
- Ahora haz lo mismo con glúteos y genitales, y relajas.
- Pasamos al estómago, relajas al exhalar.
- Pecho y hombros, y al exhalar relajas.
- Ahora tensa brazos y manos, y relaja.
- Tensa cuello y cabeza, y relaja.

Así, todo tu cuerpo se encuentra completamente relajado. Ahora visualiza en tu mente el lugar adonde te gustaría viajar: puede ser tu habitación, un sitio desconocido, visitar a alguien mientras duerme. Piensa en ese espacio y en que tu cuerpo se va a desdoblar para hacerlo.

Si sientes cosquilleos en el cuerpo, deja que fluyan solos; si no aguantas, te rascas, no hay problema. Es tu cuerpo que te dice que está cambiando a un nuevo estado de relajación.

Si llegan pensamientos a tu cabeza, lo que harás será esto: si aparece el «¿Me estaré concentrando?», o «¿Lo estoy haciendo bien?», o si escuchas un ruido y te preguntas qué puede ser, corta mentalmente tus preguntas, por ejemplo:

> *¿Me estaré concentrando?*
> *¿Me estaré concennnn...?*
> *¿Me estaré cooonn...?*
> *¿Me estar...?*
> *¿Meeee...?*
> *¿Mmmmm...?*

Hazlo en tu cabeza, con mucha pesadez, como si te hubieran dado una pastilla para dormir, y si llega otra frase, lo mismo, ¿de acuerdo? Esto hará que un pensamiento, en vez de perjudicar tu relajación, suscite más el sueño y la profundidad en tu proceso.

Poco a poco percibirás cómo tu cuerpo pesa y no quieres moverlo para nada, está completamente paralizado. Esta sensación natural es para todos, así que no te asustes, porque podrías salir de tu relajación.

Ahora imagina que eres una pluma que cae del cielo y mientras más cae, más profundo, más pesado es tu sueño. Sentirás un hormigueo por todo el cuerpo; cuando ocurra, solo suéltate del todo y permite que tu sueño te arrastre a dormir por completo. En este momento tu cuerpo ya tiene la instrucción de viajar al lugar que le pediste: la sensación de soltarse es permitirle a tu cuerpo sutil que se libere, atravesando el cordón de plata para lograr su objetivo.

Hasta este punto tu trabajo terminó y empieza la labor de tu mente y tu cuerpo.

Algo que es importantísimo hacer es estar seguro de tener un cuaderno cerca de ti al despertar, para escribir toda tu experiencia y así no la olvides. ¡Suerte!

Sueños lúcidos

Como te comentaba antes, se trata de estar consciente de tu sueño para que, con el tiempo, logres manejarlos como tú quieras. En este caso solo te daré unos consejos para empezar a programar tu mente, para que empieces a tener sueños lúcidos.

Estos son:

- Lo primero es que con una pluma dibujes un círculo en la palma de tu mano; hazlo repetidamente, no importa que quede muy marcado, lo importante es crear este símbolo antes de dormir. Con ello vamos a lograr que tu mente lo registre; así, cuando duermas y sueñes, la manera de reconocer que estás en un sueño será que no verás el símbolo en tu mano, y con ello sabrás que algo cambió, que es distinto. Tu mente te dirá que algo no está bien, que hay cosas diferentes, y por lo tanto reconocerás el lugar como irreal. En el momento en que tu mente entienda esto lo habrás logrado: podrás tener muchos sueños lúcidos.

- Otro *tip* es que cuando ocurre un sueño lúcido por lo general se nos presentan símbolos, por ejemplo un perro, la misma casa, el mismo lugar o una ventana. Escribe este o estos símbolos en tu cuaderno al despertar, para que tu mente los registre y la próxima vez sepas que es un sueño lúcido y puedas hacer cualquier cosa con él.

- Por último, trata de familiarizarte con los olores, sabores, colores y demás características del lugar en tu sueño, de modo que tus sentidos se activen con más facilidad y reconozcas el lugar como parte de un sueño lúcido.

Ya hemos visto todo lo referente a un sueño personal: anímate, conviértete en un máster de los sueños.

Suerte.

Meditación y sanación

La meditación es una práctica que nos lleva a un estado de atención concentrada en algún objeto externo o pensamiento sobre la propia conciencia.

La meditación se caracteriza normalmente por ser:

- Un estado de concentración por encima de nuestro presente o lo que estemos viviendo de momento.
- Un estado experimentado cuando nuestra mente se libera de todo pensamiento.
- Una concentración cuya finalidad es entablar conexión con Dios o con los seres de luz.
- Una focalización de la mente por la cual observamos un objeto —una vela, una pelota, cualquiera—, o repetimos constantemente una frase o palabra (mantra).

La meditación ha tenido, además de finalidades religiosas, propósitos físicos, mentales y de salud, por ello es dirigida por guías y maestros en todo el mundo con una perspectiva terapéutica o mística, ya que a pesar de ser una técnica nacida en el Oriente se ha desarrollado en todo el planeta Tierra.

Hoy se sabe que la mente puede influir en las funciones del cuerpo y en el equilibrio químico que asegura una buena salud; pero cuando está afectada o condicionada con pensamientos negativos, en nuestro cuerpo puede existir un desequilibrio que llamamos enfermedad. Preocupación, ansiedad y resentimientos también pueden restringir la libertad de nuestra energía vital, y esto a la larga se puede observar en algunos síntomas físicos, al menos hasta que se restaure el equilibrio.

La meditación ha probado ser efectiva en la atención de

problemas que han llegado a ser inmunes a los medicamentos o los tratamientos convencionales. Los estudios realizados han descubierto un efecto importante con el que se pueden soportar tratamientos médicos ortodoxos, ya que, como terapia complementaria, ayuda en el equilibrio de nuestros hemisferios derecho e izquierdo; también refuerza el sistema inmune al punto de que este pueda sanarse a sí mismo.

La meditación se considera un beneficio biológico porque regula la presión de nuestra sangre, estimula su circulación, libera del dolor, reduce la tensión muscular y también puede bajar la actividad hormonal. La persona que regularmente practica meditación puede tener un estado de salud y bienestar continuos.

Algunos problemas físicos menores como ataques de ansiedad, sinusitis, migraña, asma y arritmias cardiacas, también pueden ser tratados con ejercicios de respiración profunda, ya que promueven la circulación de oxígeno a través de los conductos cerrados; por esta razón se ha incrementado el número de doctores que relacionan el tratamiento de padecimientos de este tipo con la meditación. Practicarla regularmente puede desarrollar una buena disciplina: mejorar tu meditación crea un mejor desempeño en el deporte, el trabajo y las artes. Te permite desarrollar una mayor autoestima, incrementando la energía y eficacia y generando actitud positiva ante la vida.

Por eso y por muchas razones más, la meditación es una técnica que se debe utilizar todos los días como si fuera tarea, tan importante como comer o respirar; incluyo las técnicas de meditación en este libro porque mi finalidad es mejorar tu estilo de vida. Aprenderemos varias de ellas, no es necesario quedarte sentado con los ojos cerrados diciendo *om* o cruzando los pies por días para meditar; de hecho existen muchísimas técnicas con las cuales te puedes familiarizar y así practicar lo que aquí empecemos.

Una de las cosas notables en mi proceso personal ha sido aumentar mi estado meditativo con el tiempo; para que puedas lograrlo te enseñaré a ir paso a paso.

• Primer punto esencial:
la respiración •

La respiración es el proceso fisiológico fundamental para la vida de cualquier organismo que necesite aire; gracias a ella podemos tener energía y alimentarnos. Según los ambientes, los seres vivos hemos desarrollado distintos sistemas de respiración: cutánea, traqueal, branquial y pulmonar, todas ellas para el intercambio de oxígeno por dióxido de carbono.

En el caso de los seres humanos, la respiración no solo es trabajo de los pulmones: todo el organismo está implicado, captura el oxígeno y lo distribuye entre sus millones de células; estas lo consumen y así liberan los azúcares que nuestro cuerpo necesita para convertirlos en energía y realizar actividades.

El proceso de respiración tiene dos partes: la inhalación y la exhalación.

- La inhalación (forma activa de la respiración) es el proceso por el cual entra el oxígeno a nuestros pulmones a través de la tráquea.
- La exhalación (forma pasiva de la respiración) es cuando liberamos el aire que se encuentra en los pulmones como dióxido de carbono.

Existen dos tipos de respiración: la respiración de fuga y la respiración de calma.

- La respiración de calma es aquella con la que nacemos: es cuando el oxígeno se dirige a nuestro abdomen, como cuando somos bebés, y respiramos con nuestro vientre. Esto nos ayuda a inspirar mucho más oxígeno, con lo que conseguimos mayor bienestar y buena salud.
- La respiración de fuga es la que se queda solo en el pecho, en la parte superior del torso. Esta se aplica cuando nos encontramos en una situación de reacción rápida como

un susto, estrés, miedo o preocupación, pero no es tan efectiva como la respiración de calma para utilizarse en la meditación y alcanzar un estado de paz.

Ejercicio
Este es un ejemplo, para que te observes cómo respiras: coloca las manos en tu vientre, inhala profundo y te darás cuenta de que difícilmente tus manos se mueven. Esto se debe a que estás utilizando la respiración de fuga, la que se encuentra en la parte superior del torso.

Con este tipo de respiración difícilmente podrás hacer respiraciones profundas, cuando mucho harás suspiros sin tener aire suficiente para liberar tensión.

Una forma de crear la respiración de calma es mandar oxígeno al vientre de forma que se infle; inténtalo poniendo tus manos en esa zona y trata de que se muevan con tu oxígeno, de esta forma:

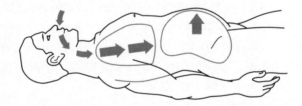

Cuando lo hayas logrado estarás del otro lado, o sea, ya podrás hacer los siguientes ejercicios con mejor rendimiento. Si se te complica no te preocupes, con el tiempo podrás conseguirlo.

Ahora vamos a incrementar día con día tu meditación.

Semana 1
Primer día

El primer día que decidas meditar, lo único que te voy a pedir es que centres tu atención en algo que hagas en tu día; así es, solo eso. Por ejemplo, si vas a comer, cierra los ojos y percibe las sensaciones en tu boca al tener el bocado, los sabores, las texturas, y si haces esto constantemente, se dice que comerás solo lo necesario, consiguiendo mantenerte en forma, pero esto es otro cantar. También puedes centrar tu atención en el momento de bañarte o de vestirte, etcétera. Debes hacerlo por una semana.

Semana 2

Observa algo de tu entorno que te dé paz por cinco minutos: puede ser el cielo, los árboles, las nubes, el agua, no sé, cualquier cosa de la naturaleza. Esto no solo te llevará a una relajación y un estado de paz sino que impulsará la sanación de tu cuerpo, ya que la naturaleza siempre está transmitiendo rayos energéticos positivos. Debes hacerlo también por una semana.

Semana 3
Meditación en movimiento

Es una técnica mediante la cual al caminar, bailar o moverte, produces un flujo de energía en todo el cuerpo, lo que te permite lograr un estado de meditación por medio de la respiración; todo el organismo se oxigena y así libera estrés, tensión, dolor y, sobre todo, nos lleva al bienestar que queremos lograr. La meditación en movimiento ha sido creada principalmente para las personas que vivimos en una ciudad en constante actividad y donde difícilmente tendremos tiempos de silencio. El movimiento será para nosotros un estado meditativo, solo necesitas centrar tu atención en tu respiración, en tu cuerpo y percibir cómo ese flujo de energía lo recorre por completo.

Ejercicio de meditación en movimiento
En tu tercera semana lo que te voy a pedir es que busques entre

tu música alguna que tenga ritmos de tambores. Párate con los ojos cerrados y cuando escuches el tambor mueve primero la cabeza de un lado a otro, luego los hombros, y baja hacia la cadera; haz movimientos de cadera, mueve tus pies y déjate llevar lentamente por el ritmo, haciendo fluir la energía en tu cuerpo. El tiempo aproximado de esta meditación será de diez minutos. Realízala por siete días.

Semana 4
Meditación en movimiento (segunda parte)

Estarás de pie como en el ejercicio anterior, pero con música tranquila, puede ser new age; sigue esta secuencia de movimientos especiales:

a) Rotación de cintura y giro de brazos.

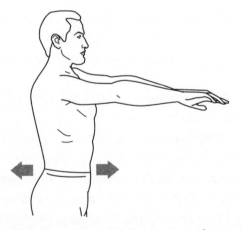

b) Movimiento del cuello de un lado a otro, de arriba hacia abajo, y hacer círculos.

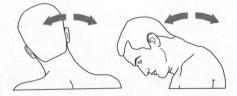

c) Rotación de cadera.

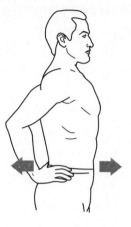

d) Estirar y doblar la espalda.

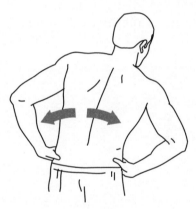

e) Columpiar la cadera.

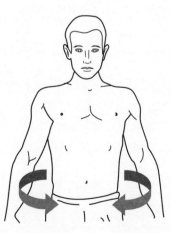

f) Rotación de la parte superior
   del cuerpo.

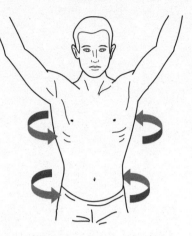

g) Hacer movimiento de rodillas.

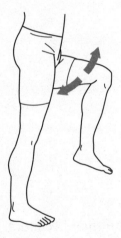

h) Estirar los brazos a los lados.

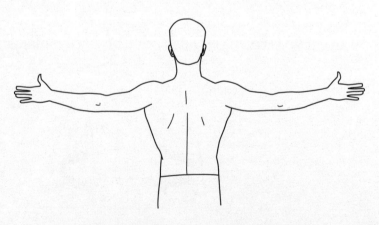

i) Postura de manos juntas.

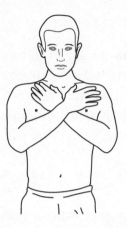

Repite este ejercicio por diez minutos mientras encuentras tu silencio interno. Hazlo por siete días.

Semana 5

Ahora es el momento de hacer una meditación más profunda.

Debes poner una alarma que no sea muy fuerte, pero que te pueda avisar a los cinco minutos de tu relajación. Siéntate de forma cómoda, o en alguna que te guste de las ilustraciones de las páginas 157-160. Cierra los ojos y respira profundamente mientras relajas tu cuerpo y tu mente. Piensa positivamente: tu cuerpo se siente bien, tu mente se siente bien, tu corazón se siente bien, y si no es así, trata de buscar en tu cabeza momentos o ideas que te hagan tener pensamientos positivos. Recuerda: solo cinco minutos, ya que no quiero que te desesperes en tu primer día.

Realiza por una semana esta relajación de cinco minutos.

Semana 6

Vas a aumentar el tiempo en tu alarma a ocho minutos; el proceso es inhalar mientras cuentas cuatro segundos en tu mente, luego detén el aire dos segundos y exhala en cuatro segundos, así por ocho minutos diarios durante los siguientes siete días.

Semana 7

Vamos aumentar el tiempo a diez minutos. Inhala en cuatro segundos, detén el aire cuatro segundos y exhala en cuatro segundos, mientras sientes cómo tu cuerpo se libera de tensión y deja de tener pensamientos, solo se concentra en la respiración: cómo entra, se detiene y se libera. Hazlo por dos semanas.

Semana 8

Aumenta el tiempo a quince minutos; tu respiración será de cinco segundos al inhalar, detienes el aire dos segundos, cinco segundos al exhalar, y dos segundos después de tu exhalación vuelve a inhalar.

Tus pensamientos siguen enfocados en tu respiración y tu cuerpo continúa en un estado relajado. Hazlo por una semana.

Semana 9

Vamos a darle un giro a tu meditación para que descubras los diferentes tipos que hay y decidas cuál te gusta más.

Meditación de la luz

La meditación de la luz es una técnica que se utiliza para sanar el dolor, el enojo y algunas enfermedades, pero sobre todo puede fortalecer tu energía y ayudar a liberar las malas energías de cualquier tipo, con lo que haces un bien al universo.

Su finalidad es enfocar la luz dentro de tu alma, expandiéndola a través de tu cuerpo y con ello sanando y depurando tus pensamientos y sentimientos, lo que te traerá una iluminación conectada con Dios.

Para realizar esta técnica, siéntate en un lugar cómodo y abre y cierra los ojos despacio mientras repites la palabra *aum* u *om*; relájate y centra tu atención en la palabra al tiempo que la repites constantemente. Tu mente se aquieta al igual que tu cuerpo. Cuando tu cuerpo logre aquietarse, pon tus manos en el plexo solar (se encuentra en el centro del arco de las costillas) mientras cierras los ojos.

Respira profundamente y absorbe el planeta entero en esa inhalación. Percibe la sensación de calidez y amor de tu alma y de Dios; siente cómo te conectas con todo, eres parte de todo. Ahora repite estas palabras: «Soy alma, soy amor, soy la luz divina». En cada respiro, absorbe la fuerza de la vida; permite que fluya por todo tu cuerpo y recorra venas, músculos y huesos. Ahora sé parte del planeta al repetir estas palabras: «Estoy vivo, soy vida, soy luz que vive en mi interior».

De pronto, percibe cómo la luz que se encuentra en tu plexo solar empieza a cambiar tu temperatura y calienta tus manos con más fuerza: esta es una luz blanca que remueve todos tus miedos, tus angustias, te libera del dolor mientras recorre tu cuerpo. Percibe cómo se liberan las energías negativas que bloquean tus campos áuricos energéticos, y siente cómo la luz de tu alma te sana y te convierte en un amor eterno.

En estos momentos ya eres parte del todo. Repite las palabras: «Soy uno, soy el todo, soy la luz que vive en mi alma», agradécele este regalo a Dios y a las energías superiores, y siente la pureza de todos los seres que viven en la gracia de Dios.

Junta tus manos en forma de rezo, concluyendo de esta manera tu meditación. Realízala durante los siguientes siete días.

Si llevas este tiempo haciendo las meditaciones, te aseguro que tu vida ya cambió física y espiritualmente.

Semanas 10 y 11
Meditación de los chacras

Los chacras son centros energéticos localizados en nuestro cuerpo, los cuales transportan la energía a todos nuestros sistemas: mental, emocional, físico y espiritual. En ellos encontramos nuestras actitudes, acciones y consecuencias.

- El primer chacra es de color rojo y nos conecta con el «yo soy» y con la familia. Se encuentra en el perineo.
- El segundo chacra, de color naranja, nos conecta con el «yo deseo» y es el que nos da placer por vivir la vida. Se encuentra cuatro dedos abajo del ombligo.
- El tercero es el chacra amarillo y se encuentra en el plexo solar; nos conecta con el «yo puedo» y con no tener miedo.
- El cuarto chacra es verde y es el chacra del corazón: «yo siento», «yo me entrego», y nos une con amar al prójimo.
- El chacra azul, el quinto, nos conecta con la comunicación: «yo hablo», «yo me expreso». Este se encuentra en la garganta.
- El sexto chacra se encuentra en la frente y es el tercer ojo: «yo visualizo», «yo transmito». Es de color índigo.
- El último chacra conocido por los seres humanos es el séptimo: se encuentra en la coronilla, tres dedos arriba de la cabeza, es de color violeta y nos conecta con la espiritualidad: «yo creo» y «tengo fe».

Estar consciente de tus chacras y querer hacer algo por ellos suscita que nuestra vida mejore hasta en cien por ciento para tener lo que quieras, ser feliz, encontrar pareja, tener una mejor relación con tus papás y hermanos, etcétera; la meditación para trabajar con ellos fortalecerá todo esto y te ayudará a entrar en una conexión directa con cada uno.

Empezaremos, como en todas las demás meditaciones, por sentarnos de una forma cómoda, con la columna erguida y el cuerpo relajado. Cierra tus ojos y respira profundamente.

Se comienza por el tercer chacra, donde se encuentra el centro de poder; concentrando la meditación en este punto, los tres primeros centros se activarán y un gran poder será liberado en todo tu cuerpo. Parte de esta concentración requiere visualizar el color amarillo en forma de esfera que gira constantemente, como las manecillas del reloj, impulsando a las dos primeras esferas, rojo y naranja; esta energía aumenta tu capacidad de realizar cosas físicas.

Luego se pasa al cuarto chacra, el del corazón. Concentrando la meditación en este punto y visualizando una esfera de color verde, la energía se expandirá al cuarto chacra y activará el quinto, de color azul; es el centro del equilibrio y la felicidad.

Finalmente, debes concentrar la energía en el sexto chacra, el tercer ojo, imaginando una esfera de color índigo que gira como las anteriores, es el centro de la sabiduría y la percepción psíquica, y manda la energía al séptimo chacra, que es una esfera de color violeta.

Lo mejor para lograr el equilibrio en estos centros de energía es darle el tiempo necesario a cada uno de ellos. Al hacer esta meditación por dos semanas conseguirás un equilibrio que te brindará un mayor poder y sabiduría en todo lo que hagas.

Semanas 12 y 13

Ya entramos en meditaciones más profundas, con las cuales podemos sanarnos a nosotros mismos o al prójimo; empezaremos con una meditación de sanación personal.

Acuéstate en un lugar donde te sientas seguro, respira y relájate profundamente: empieza por los dedos de tus pies y poco a poco recorre con tu mente todo tu cuerpo, centra tu atención en cada parte de él y ordénale que se relaje, que libere toda la tensión almacenada. Visualiza cómo se disuelven las tensiones y todo el estrés, y poco a poco empiezan a desaparecer.

Visualiza una esfera dorada de energía curativa que rodea tu cuerpo y disfruta la experiencia. Si hay alguna enfermedad o dolor, pregúntale su razón de existir, ya que por lo general se presentan por algún acontecimiento que nos afectó en el pasado (el dolor es presente, pero siempre termina por ser pasado), y si hay algo que debas entender o que se pueda hacer en tu vida en general. Permanece relajado y en silencio durante unos minutos y espera a que lleguen oraciones, frases, palabras, imágenes o sensaciones a tu cuerpo como respuesta a tu pregunta.

Si tienes una respuesta, haz todo lo posible por comprenderla y recordarla cuando despiertes; si no es así, continúa con tu meditación, es probable que te llegue más adelante y lo más probable es que sea en forma de señales.

Luego manda mentalmente tu esfera dorada al lugar afectado o a cualquier parte que lo necesite, e imagina cómo te cura penetrando en tus huesos, músculos, órganos y piel. Aquí también podrás llamar a los seres de luz que siempre te acompañan o a tus ángeles para que fortalezcan tu esfera dorada: vuelve a mandar la esfera dorada, pero ahora con la energía de tus protectores, y observa cómo al entrar esa energía en tu cuerpo te sientes en perfecto estado e irradias luz dorada. Visualízate encontrándote activo y saludable; obsérvate siendo una hermosa, divina y radiante luz.

Lentamente regresa de tu meditación, y cuando te sientas cómodo para abrir los ojos, ábrelos.

Cuando lo hayas hecho, di estas afirmaciones:

Me siento bien física, mental, emocional y espiritualmente.

No es necesario enfermar para darme cuenta de que me estoy haciendo daño, hoy puedo aprender reconociendo y aceptando mis experiencias de vida.

Descubrí que lo importante es el valor que me tengo y la aceptación de ser como soy, y así me amo profundamente.

Hoy disfruto de la vida y las grandes cosas que me ofrece.

Ser una persona sana es un estado natural.

Hoy me libero de los dolores ya que en mí está la capacidad de soltarlos.

Me siento lleno de buena salud y de amor.

Hazlo por dos semanas, intercalándolo con alguna otra meditación que te guste, y si no sientes dolor alguno, solo manda energía sanadora a tu cuerpo, que este te lo agradecerá.

Semana 14
Meditación sanando a distancia

Esta meditación es muy especial porque nos puede ayudar a sanar a personas a larga distancia. Lo único que vas a necesitar, aparte de la meditación, es un cuarzo o una canica de cristal, pero principalmente un cuarzo (más adelante sabrás por qué).

Siéntate con las piernas cruzadas, coloca el cuarzo entre ellas. Cierra los ojos y visualiza que te encuentras en una esfera, y en cada inhalación esta empieza a llenarse de un humo blanco; este humo es sanador, limpia y purifica todo el espacio, incluyéndote a ti. Mientras el humo blanco se esparce, la esfera va convirtiendo tu cuerpo en cristal; sigue inhalando profundamente al tiempo que relajas todo tu cuerpo.

Cuando la esfera se encuentre completamente llena de este humo blanco, di estas palabras:

Dios ha creado esta esfera sanadora, quien la reciba será beneficiado liberándose de todo dolor y enfermedad.
La persona que necesita tal ayuda es (aquí debemos decir el nombre completo de la persona enferma), *se la envío con todo el amor de Dios.*

Aquí vas a imaginar cómo la esfera empieza separarse de ti y viaja por el espacio hasta llegar a la persona.

Imagina que dicha persona se encuentra en algún lugar y recibe esta esfera; entra por todo su cuerpo y limpia, modifica, sana, principalmente cura cada problema de su enfermedad. Mientras limpia cada parte de su cuerpo, la esfera se oscurece, el humo es ahora de un color negro grisáceo; observa cómo sigue recorriendo su cuerpo y tú respira profundamente, mandando toda la buena salud y sanación a esa persona.

Ya que la esfera haya quedado completamente negra, imagina cómo esta regresa y se dirige al cuarzo que tienes entre tus piernas.

La labor del cuarzo es recibir esa energía negativa y transformarla en energía positiva, para ello cerramos nuestra meditación agradeciendo a Dios por esa esfera brillante. Inhala profundamente y cuando te sientas más cómodo para abrir los ojos, ábrelos.

Toma el cuarzo con una tela que no te sirva y entiérralo, puede ser en una maceta o en un parque, un bosque, cualquier lugar que tenga tierra, déjalo enterrado por siete días y luego lo retiras; lávalo con agua y sal, y tu cuarzo quedará completamente limpio. Si quieres, puedes dárselo a la persona enferma para que la siga cuidando.

Haz esta meditación solo un día de la semana, y los otros seis la meditación que sana la Tierra a distancia; uno de los principales objetivos de la meditación es entrar en contacto con la naturaleza y fomentar la salud.

Muchos tibetanos y budistas que practican meditación se encargan solamente de mandar energía sanadora a nuestra Madre Tierra; gracias a su energía sanadora, la Tierra encuentra el equilibrio.

Ahora te toca hacerlo, verás que no hay recompensa más grande que cuando la Tierra te retribuye con su agradecimiento. Esta vez no necesitarás un cuarzo, solo te voy a pedir que cruces las piernas, cierres los ojos y respires profundamente, creando la misma esfera blanca como cuando ayudamos a una persona. Sigue el mismo procedimiento del humo blanco y la esfera, transfórmate en cristal e ilumina la esfera dejándola completamente blanca. Cuando se haya logrado el objetivo, visualiza cómo la esfera viaja por el espacio y aterriza en el centro o en el corazón de la Tierra. Cuando suceda, di estas palabras: «Dios ha enviado esta esfera blanca, diosa sanadora, para la Madre Tierra que siempre nos ha brindado su amor, su apoyo y su cuidado. Madre Tierra, recibe esta esfera y recíbela con amor. Gracias».

Observa cómo la esfera, al momento de entrar en la Tierra, la purifica hidratándola, limpiándola y ayudándola.

Termina tu meditación abriendo los ojos cuando creas conveniente.

Como te comentaba, realiza esta meditación durante seis días.

Semana 15
Sanación a otra persona de forma directa

Sanación siempre ha sido una palabra que impone, sobre todo porque hemos escuchado que para poder sanar necesitamos de mucha preparación, espiritualidad y años de experiencia; sin embargo, sanar va mucho más allá. Efectivamente necesitamos un estado meditativo un poco más profundo y una conciencia mucho más sensible y perceptiva que la que comúnmente utilizamos para el día a día, pero no es imposible alcanzarlos. Todos tenemos la capacidad de sanar con solo escuchar a nuestro cuerpo, por ejemplo, podemos darnos cuenta de que algo nos duele por medio de sensaciones, pero es más impresionante aún cuando de manera inconsciente nuestra mano se dirige a la zona que necesita sanación, como cuando nos duele la cabeza y la mano se dirige a alguna región específica de ella, y así sucede con diferentes partes del cuerpo. Este es el instinto natural, lo único que falta es activar los conductos corporales para transmitir la energía universal.

Para esta semana vamos a aprender a trabajar con energía universal, de modo que esta despierte y abra nuestros canales, así podremos ser un conductor energético.

Es por medio de las meditaciones que podemos tener acceso a esto. Tal vez justo ahora te preguntes si para sanar a otra persona necesitas quince semanas de meditación; claro que sería lo óptimo, pero lo puedes hacer en la primera semana si quieres, no son necesarias quince. Lo que sí es importante es entrar en una buena conexión y concentración para no distraernos.

Aquí te voy a pedir que te quites todos los metales posibles del cuerpo, ya que estos también son conductores de energía y pueden modificar el trabajo que estamos haciendo. Busca un espacio donde te encuentres completamente solo, siéntate y cierra los ojos por cinco o diez minutos, inhala profundo y exhala, liberando todo el aire contenido dentro de ti. Cambia tu respiración a inhalar en cuatro tiempos, retener el oxígeno por dos tiempos y exhalar en otros cuatro tiempos; realiza esta respiración diez veces. Ahora junta tus manos en forma de rezo, entrando en conexión con Dios y con todo el universo al decir estas palabras:

Dios, gracias por hacer de mi cuerpo un canal por el cual puedo transmitir toda la sanación y el amor que Tú brindas.
Gracias por enviar la energía necesaria para ayudar a (nombre de la persona).
Solo te pido que me guíes en el camino, purifiques mis pensamientos, mi corazón, y mi alma, y así aliviar a...,
brindándole una mejoría en su salud.
Lo dejo en tus manos y confío plenamente en ti.
Que así sea.

Al terminar la oración, frota tus manos hasta sentir que su temperatura se ha elevado, luego sal del espacio y busca a la persona que necesita tu ayuda. Pon tus manos en su coronilla, con las palmas hacia abajo; cierra los ojos, inhala profundamente, al exhalar percibe cómo una energía recorre todo tu cuerpo y llega a tus manos, y se conecta con el campo energético de la persona. En estos momentos solo vas a inhalar y exhalar profundamente mientras pides a Dios y a los seres de luz que envíen todo su poder sanador; cuando hayas sentido el final de la transmisión energética, retira las manos e imagina a la persona en una burbuja, la cual llamamos «campo áurico», y acaríciala como si fuera visible, esto ayudará a limpiar su campo áurico; empieza por la cabeza y sigue hasta los pies.

Por último, coloca ahora las manos en el torso de la persona y haz el mismo procedimiento que en la coronilla; cuando termines, agradece mentalmente a Dios.

Solo falta un paso más y es limpiarte y depurarte, ya que a pesar de no ser nosotros quienes enviamos la energía, finalmente somos un conducto energético que debemos limpiar.

Dirígete a una maceta o jardín donde haya tierra y puedas enterrar tus manos en ella, hazlo durante dos minutos mientras inhalas profundo y exhalas. Retíralas y lávalas con agua y jabón.

Trata de ejercitar esta forma de sanar para que tus canales estén cada vez más abiertos y fluya la energía con facilidad.

Mucha suerte y no tengas miedo de intentarlo, te sorprenderás si decides hacerlo algún día.

Semana 16
Meditación y los cuatro elementos

En la tradición esotérica los elementos agua y tierra son símbolos pasivos y principios femeninos a diferencia del fuego y el aire, que representan la masculinidad y son símbolos activos.

Por esta razón, meditar con los cuatro elementos nos ayuda a incrementar nuestra estabilidad y sensibilidad respecto del entorno. El fuego corresponde al poder; el aire, al intelecto; el agua, a las emociones, y la tierra al cuerpo físico. En el nivel físico son expresados así: el fuego, la temperatura del cuerpo; el aire, todos los gases, la respiración; el agua son los fluidos, y la tierra es la materia sólida, como la estructura del esqueleto, órganos vitales y músculos.

Tierra

Es importante que te mantengas de pie con la espalda recta, cierra los ojos y recárgate en una pared. Inhala profundamente y exhala, liberando todo el oxígeno de tu cuerpo; después de hacer cinco minutos de relajación, centra tu atención en tus pies. Ahora imagina cómo les empiezan a crecer raíces y buscan el modo de enterrarse en el suelo, atravesando cada capa hasta llegar a tocar la tierra; cuando esto suceda, permite que la energía de la tierra entre por tus raíces, alimentando tus huesos, tus músculos, tus órganos, llenándolos de solidez, de fuerza. La energía te sigue recorriendo hasta la cabeza, brindando fortaleza y estabilidad a todos tus pensamientos. No tienes que huir a ningún lado, ya no es necesario correr ni moverte para sentirte seguro. Entrar en contacto con la tierra te ayuda a arraigar todos tus pensamientos e ideas.

Ahora imagina cómo de tus brazos, tus manos, tu cabeza, empiezan a salir ramas, como un árbol que va creciendo cada vez más y florece con hojas, flores e incluso frutos. ¿Cómo son los frutos? ¿Cómo son las flores? Descansa así, en un estado de solemnidad y calma. Después de permanecer un tiempo, lentamente el árbol va desapareciendo y te quedas solo tú y tu cuerpo.

Cuando te sientas seguro, abre los ojos y termina esta sesión.

Este ejercicio puede ayudarte a reconocer lo auténtico y único que eres, no existe un árbol como tú. Confronta la vida sin miedo y no huyas de tus problemas, mejor afróntalos y resuélvelos. Te lo recomiendo si eres de las personas que dejan las cosas a la mitad o terminas relaciones constantemente, esto te ayudará a que deje de pasar.

Aire

Busca un lugar donde se encuentren las ventanas abiertas y puedas sentir cómo entra el aire y toca tu cuerpo; siéntate en una silla a dos o tres metros de distancia de la ventana y cierra los ojos.

Inhala en cuatro tiempos y exhala por la boca en otros cuatro, libera tu cuerpo haciéndolo más y más liviano, casi como una pluma; tu cuerpo ya no pesa, tus músculos son ligeros y tus pensamientos solo se enfocan en un cielo azul.

Ahora imagina que a tus brazos les salen alas y todo tu cuerpo se transforma en el de un pájaro.

Solo en pensamiento, imagina que sales volando por la ventana como un pájaro libre, con colores brillantes en tus alas: puedes ver las casas, la ciudad, las montañas, observa cómo desde lejos todo se contempla muy chiquito, cómo si cambias tu perspectiva de la vida te vuelves más seguro y confiado en ti mismo.

Después de volar un rato, busca la montaña más alta y siente el viento y las nubes tocando tus alas; es una sensación de libertad como nunca has sentido antes, vive la experiencia por un tiempo, pueden ser veinte minutos, y regresa por tu ventana a tu cuerpo en su estado natural.

Inhala profundo por última vez y abre los ojos.

Este ejercicio nos ayuda a liberar los miedos y a ver los problemas más pequeños de lo que parecen; también nos enseña qué es la libertad y lo importante que es creer en ti mismo.

Agua

Para esta meditación vamos a necesitar un tazón con agua y un vaso de agua para beber. Siéntate en el piso, de preferencia sobre una almohada; a tu lado derecho deja el vaso lleno y al frente el tazón con agua a una distancia corta, para poderlos tocar en algún momento.

Toma el vaso con las dos manos y cierra los ojos. Pronuncia estas palabras:

Soy el agua que vive en mí.
Soy el agua que nace dentro de mí.
Soy el agua que fluye con los ríos y mares.
Soy el agua que llueve y moja los campos.
Soy el agua de la vida.
Soy yo.

Al terminar, bebe el agua del vaso, percibiendo cómo recorre tu cuerpo y se lleva todo lo que en tu vida no fluye.

Respira profundo, relaja tu cuerpo y tu mente e imagina cómo tu cuerpo se pinta de un color azul turquesa; mientras más te relajes, más azul te vuelves. Al momento de sentir todo tu cuerpo de un color azul, mete las manos en el tazón con agua y observa cómo tu ser se hace parte de ella cada vez más y más hasta hacerse completamente de agua.

Imagínate siendo agua, eres parte de un río que fluye con rapidez, llegando así a ser cascada con un movimiento ágil y fluido; percibe la sensación de soltar, siendo parte de nuevas experiencias todo el tiempo.

Después de un rato de recorrer los ríos y cascadas, regresa a tu habitación donde se encuentran tus manos en el tazón; en este momento ya puedes retirarlas, con el agua sobrante moja tu rostro y tu pelo, renovándote.

Abre los ojos para terminar tu sesión.

Como podrás observar, meditar con agua nos ayuda a fluir, a renovar, a no estancarte con preocupaciones o problemas y a vibrar con la vida.

Fuego

Efectivamente, necesitamos fuego para fundirnos con él, por lo tanto se requieren cuatro velas. Busca un lugar donde no haya algo que se pueda prender, siéntate en el centro y que las velas te rodeen en forma de círculo: una al frente, otra detrás de ti y una a cada lado, a una distancia de un metro.

Enciéndelas y colócate en el centro, cierra los ojos y centra tu atención en la temperatura de tu cuerpo, permitiéndote recibir el calor de las velas; deja que esa temperatura cálida te lleve a la relajación completa de tu cuerpo, y vuelve a enfocar tu atención en tu piel. Ahora imagina que tu piel se va transformando en un fuego brillante que ilumina todo el lugar: esta sensación te da fuerza, grandeza, energía y te sientes muy bien, tus células se regeneran, tu cuerpo es indestructible, y de un momento a otro te fundes con el sol y puedes vivir la experiencia de brillar para todos pero principalmente para ti. Permanece en ese estado el tiempo que gustes, y cuando quieras regresar solo retoma tu cuerpo poco a poco; inhala profundo, y al exhalar abre los ojos. No olvides apagar tus velas.

El fuego nos da fuerza para salir adelante, energía, vitalidad, poder espiritual y potencial para lograr tus objetivos.

Recomiendo meditar con un elemento al día en la semana 16, agregando en los restantes cualquier otra meditación.

Semana 17
¿Quién soy? ¿De dónde vengo?

Existe una meditación muy curiosa, pero funcional, que dice que para entrar en un estado profundo de introspección tan solo repitas constantemente en tu mente las preguntas «¿Quién soy?» y «¿De dónde vengo?», porque difícilmente pueden ser contestadas a la ligera y por lo mismo nos permiten entrar en un estado en el que podrías recibir respuestas sobre ti mismo; cuando consigues alguna, instantáneamente regresas de tu meditación.

Inténtalo y ya me cuentas cómo te va.

Semana 18
Vidas pasadas

Aunque no lo creas, al entrar en meditación continua puedes conocer parte de tu pasado; ya sea que creas en ello o no, este es un ejercicio interesante, pero si no está dentro de tus creencias y no lo quieres hacer, no te preocupes, solo sáltalo.

De las posturas de las páginas 157-160, colócate en aquella con la que más cómodo te sientas y pon una vela frente a ti, con las luces apagadas; es mejor hacerlo de noche antes de dormir, ya que da mejores resultados.

Observa fijamente la llama de la vela; mientras lo haces, descansa tu cuerpo y tu mente. Después, lentamente haz tu vista borrosa, pero no dejes de ver la vela. Deja que tu mente viaje y tu cuerpo se llene de un sueño profundo; aunque no puedas cerrar los ojos, pierde tu mirada en la llama. Para estos momentos tu cuerpo ya debe estar completamente relajado al igual que tu mente.

Pide al pasado que te brinde experiencias de otras vidas, sin que te lastimen ni vivas escenas feas, solo situaciones por las cuales puedas identificar quién fuiste y cómo eras, dónde vivías, etcétera. Cuando se lo hayas pedido, cuenta hasta tres y permite entonces que tu mente se expanda y perciba la información que el pasado le dará.

Lo primero que puedes distinguir en tu mente son manos o ropa o tal vez olores: experiméntalos todos y no te asustes, ya que saldrás de la meditación rápidamente. Quizás tu mente te traicione diciendo que lo estás inventando, aunque algo en ti sabrá que no es cierto; no te confundas pero sobre todo no dudes.

Si a la primera no te llega información, no te preocupes, solo requiere un poco de paciencia y dedicación; sin embargo, sé que lo lograrás. Si viste algo y quieres regresar, solo respira profundo y exhala por cinco veces mientras sientes cómo tu cuerpo vuelve al igual que tu mente. Cuando lo hayas logrado, solo abre los ojos.

Personalmente, durante una regresión recordé mi nombre, dónde vivía, qué año era, cuántos años tenía e infinidad de descripciones, y tan intenso fue que se lo conté a una amiga; ella, sin decirme nada, se puso a investigar por internet y otros medios hasta que me llegó con la sorpresa de que todo lo que había dicho era cierto y mi yo murió tal y como se lo platiqué, lo único que me faltó ver fue una foto porque esa ya nunca la encontró. Una coincidencia de ese tipo no existe, eran demasiados detalles para ser una casualidad, por lo tanto les puedo decir de mi parte que las vidas pasadas sí existen; ahora te toca descubrir las tuyas.

Creo que estas meditaciones serán suficientes para poner tu capacidad en práctica. Solo recuerda que se requiere tiempo y dedicación pero tampoco es una manda: si quieres puedes empezar con cinco, subir a diez, luego quince, veinte o treinta minutos, y algo que siempre he hecho es que después de conseguir meditaciones de treinta minutos vuelvo a iniciar con cinco, porque es mucho tiempo dedicado y nos puede cansar hasta llegar al punto de dejarlo, y para mí es más importante que sea poquito pero constante, a pasarte horas en ello y que lo abandones en un mes.

Posturas para meditar

Los siguientes son algunos tipos de posturas, y aunque existen otras varias, estas son las más básicas y fáciles de hacer, así que descubre cuál es la que mejor te acomoda o la que más te gusta adoptar cuando meditas.

Forma básica. Coloca un cojín y siéntate sobre él en una postura simple de piernas cruzadas, mantén recta la columna vertebral, los hombros hacia atrás y relajados; inclina tu cabeza ligeramente hacia adelante, bajando la barbilla hasta que tus ojos vean un punto en el suelo a una distancia de un metro frente a ti. Ahora coloca las manos en tus piernas formando un círculo, tal como lo indica la ilustración.

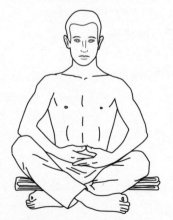

Acostado. Si eliges permanecer acostado, recuéstate en una alfombra o en un lugar firme pero que no lastime tu cuerpo. Busca una almohada que ayude a soportar tu cuello, deja los brazos sueltos a los lados y mantén las piernas derechas; no las cruces a no ser que quieras hacer alguna sanación.

Egipcia. Esta es la postura ideal para alguien que empieza en la meditación, es fácil y sencilla y puedes mantenerte de esta manera por un largo periodo: simplemente busca una silla, siéntate con la columna recta y con tus manos en las piernas.

Loto completo. Siéntate con ambos pies sobre los muslos.

Medio loto. Siéntate con un pie sobre el muslo opuesto y el otro bajo el muslo contrario, de esta forma:

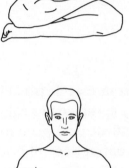

Cuarto de loto. Siéntate con un pie bajo la pantorrilla contraria y el otro bajo el muslo opuesto.

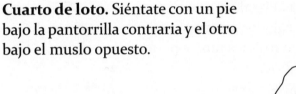

Japonesa. Busca un cojín en el que te puedas sentar con los talones tocando los glúteos y pon las manos en tus piernas.

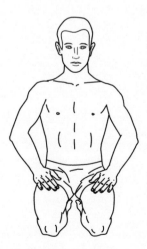

Piernas cruzadas. Es la que todos comúnmente conocemos y es muy sencilla de hacer, simplemente cruza las piernas y une los brazos por medio de las manos, creando una forma de cuna.

Permanece de pie. En tal caso la forma más apropiada es colocar tus manos en forma de rezo y con los pies juntos para encontrar tu equilibrio.

Epílogo

Ojalá que al llegar al final de esta obra ya hayas llevado a cabo algunas de las prácticas espirituales que he incluido, o realizado observaciones sobre las señales que todo el tiempo nos envía el universo, la naturaleza o la vida para encontrar un sentido a tu existencia y saber que nunca estás solo.

Sin embargo, lo más importante siempre será tu experiencia: de ti depende confirmar estos descubrimientos que he realizado, los cuales le dieron un giro completo a mi manera de ser y de ver las cosas, o encontrar tus propios significados, lo cual siempre será mejor si contribuye a tu realización plena como persona y como ser humano.

Por eso he titulado este libro *Sueña que tienes alas*, espero que te sea útil y te acompañe por muchos años en la aventura de vivir en este mundo lleno de sorpresas y maravillas, e incluso te abra a nuevas dimensiones del ser.

Que Dios te bendiga.